Dania König

Deine Seele will blühen

Über die Autorin

Dania König ist studierte Jazz- und Popularmusikerin. Sie veröffentlichte bislang zehn CDs, arbeitete u. a. als Dozentin für Komposition und Gesang sowie als (Kinder-)Stimmbildnerin und gibt regelmäßig Konzerte. Außerdem ist sie als Erzählerin der *Emmi*-Hörspielreihe zu hören. Sie lebte für einige Jahre mit ihrem Mann, dem amerikanischen Musiker Dino Soldo, und ihren drei Kindern in Kalifornien, bevor es die Familie wieder zurück in ein kleines Dörfchen bei Bonn zog. Danias große Leidenschaft ist es, Wunder in Worte zu verpacken. Sie liebt Bücher, Musik, die Stille und das Meer, aber auch ihr abenteuerliches Familienleben.

DANIA KÖNIG

Deine Seele will blühen

IM ALLTAG
WUNDERN BEGEGNEN

Wie würde Gott als der Ewige bekannt,
wenn kein Glanz von ihm ausginge?
Denn es gibt kein Geschöpf,
das nicht irgendeinen Strahl hätte,
sei es das Grün oder der Samen,
die Blüten oder die Schönheit.

– Hildegard von Bingen –

Inhalt

Willkommen in meinem Garten

Mein jüngster Sohn heißt mit Mittelnamen Giardino. Das ist italienisch und bedeutet „Garten". Ich fand diesen Namen perfekt, weil ich mit Garten so vieles verbinde, was ich diesem Kind wünsche. Allen meinen Kindern. Allen Menschen.

Ein Garten wächst, sprießt, grünt, blüht.

Er kennt alle Jahreszeiten, kennt Sonne, Regen, Schnee – und kann mit allem etwas anfangen.

Er selbst ernährt eine unzählige Fülle an Lebewesen, er erfreut und verschönert die Welt.

Manchmal stelle ich mir vor, dass Menschen wie Gärten sein könnten:

Dass auch sie sich dauernd verändern, stetig wachsen, aber trotzdem immer bei sich selbst bleiben.

Dass sie Stürmen und Wintern standhalten, weil sie genug Kraft tief in ihrem Innern gespeichert haben.

Dass sie jeden Frühling wieder neu, ohne zu hinterfragen, ausschlagen und aufblühen,

sich im Sommer verschwenden, reifen und dabei immer schöner werden, bis sie im Herbst dann bunte Fülle versprühen. Und Früchte tragen.

Dass sie in der folgenden kahlen Winterzeit Geduld lernen und in stiller Anmut ausharren. Bis zum nächsten Frühling.

Noch etwas liebe ich an dem Vergleich mit einem Garten: Kein Garten gleicht dem anderen. Und das Schöne ist: Es gibt auch keine Norm. Es gibt minimalistische und geometrisch streng gegliederte, sorgfältig angelegte japanische Gärten, pflegeintensive, blütenreiche englische Gärten, Bauerngärten, die auf kleinstem Raum eine Fülle verschiedener Früchte und Gemüsesorten hervorbringen, und herrlich wilde Naturgärten, in denen alles wachsen und sich frei entfalten darf.

Keiner käme auf die Idee, einen Zen-Garten nach seinem Ertrag an Früchten zu bewerten oder einen Bauerngarten danach, ob jeder Zweig der Hecke auf die exakt gleiche Länge gekürzt wurde.

So wünsche ich mir, dass auch wir Menschen uns nicht immer nach denselben Maßstäben bewerten. Nach Maßstäben übrigens, die allesamt menschengemacht sind: wie erfolgreich jemand ist, was er oder sie kann oder hat.

Die Bibel stellt diese Maßstäbe auf den Kopf. Sie sagt, dass die „Früchte" eines wertvollen Lebens diese sind: „Liebe, Freude, Frieden, Geduld, Freundlichkeit, Güte, Treue, Sanftmut und Selbstbeherrschung" (Galater 5, 22–23; Neues Leben). Genau diese Früchte soll mein Garten tragen. Diese Früchte will ich in mir selbst heranreifen lassen, aber sie auch bei anderen wahrnehmen. Ich möchte meinen inneren Garten hegen und pflegen, dass das blühende Leben in ihm einziehen kann.

Und dazu braucht es eben beides: den Blick nach außen und nach innen. Den Blick für die Schönheit, die mich umgibt, und für die Schönheit, die in mir selbst wachsen will. Doch um diese Schönheit zu erkennen, muss man: innehalten. Hinschauen. Neu staunen lernen.

Und dann den kleinen Wundern beim Wachsen zuschauen.

So ist auch dieses Buch „gewachsen", indem ich Gedanken, Gefühle und Beobachtungen festgehalten und mich mit Dingen beschäftigt habe, denen eine Tiefe und Schönheit zugrunde liegt, die man auf die Schnelle gern übersieht, doch die meine Seele aufblühen ließen. Und diese Momente wollte ich mit dir teilen.

Also, lass uns gemeinsam in der Sonne unter einem Baum sitzen, den Vögeln beim Zwitschern oder dem Regen beim Prasseln zuhören, lass uns zusehen, wie Früchte reifen und Schneeflocken fallen. Lass uns gemeinsam auf den Frühling warten und dann über den ersten Krokus jubeln.

Und wenn wir wieder auseinandergehen, wünsche ich dir, dass du diesen Weg weitergehst und dich immer wieder aufmerksam in deinem eigenen Lebensgarten umschaust. Und wer weiß, vielleicht begegnest du genau dort Gott, der sich ja bekanntlich am besten mit Gärten auskennt – und der sich am meisten darüber freut, wenn wir uns entfalten, dem Himmel entgegenwachsen und aufblühen!

Jahreszeiten

Neujahr

Das neue Jahr liegt vor mir.

365 ungelebte Tage, unbeschriebene Tagebuchseiten, unendlich viele Momente, von denen ich jetzt noch nichts weiß. Wie frische, saubere Wäsche liegt das Jahr vor mir, duftend und weich.

Bald wird es erste Flecken haben, ist ja klar. Die Erfahrung hat mich gelehrt, dass sämtliche guten Vorsätze für das neue Jahr schnell alt und wieder überholt sein werden. Nach Tagen, Wochen, spätestens Monaten ist doch meistens alles wieder beim Alten.

Die Liste der Dinge, die ich dieses Jahr schaffen will, ist ohnehin utopisch: Ich will eine aufmerksamere Mutter werden, das Bad renovieren, ein Buch schreiben, mehr Sport machen, ein neues Bühnenprogramm auf die Beine stellen, zwei Produktionen beenden, gesünder essen, mehr Freunde treffen, unseren Keller entrümpeln, mehr Bücher lesen, weniger Kaffee trinken, öfter Date-Night mit meinem Mann haben, mehr in die Natur gehen, mehr Kreativ-Projekte mit den Kindern machen, mehr Zeit mit jedem meiner Kinder einzeln verbringen und seltener gestresst sein.

Ha! Schon beim Aufschreiben dieser Vorsätze wird mir flau im Magen. Ich fühle mich überfordert und spüre, dass ich mich mit dieser Liste unweigerlich selbst sabotiere und zum Scheitern verurteile. Durch das Auflisten dieser Pläne entsteht ein Vakuum zwischen meinen Ansprüchen und meiner gelebten Realität.

Am liebsten hätte ich eine Instant-Transformation, eine „Zauberformel" für eine sofortige Änderung. Aber da ist ja noch dieses Ding, das sich Leben nennt ... und das geht seine eigenen Wege. Und meine Pläne rücken wieder in den Hintergrund – die frische Wäsche fällt in den grauen Januarmatsch.

Und doch, dieses Jahr habe ich wieder neuen Mut! Denn eines ist mir inzwischen klargeworden: Wir können uns nicht komplett neu erfinden; wir müssen nicht krampfhaft versuchen, uns ein Leben zu erarbeiten, das wir ohnehin nicht erreichen können. Sicher, wir dürfen träumen, planen und uns ändern, wo es nötig ist! Aber vor allem steht: Wir dürfen das Leben, das wir haben, lieben! Dürfen uns, so wie wir sind, auch einfach mal mögen.

Wenn ich genauer darüber nachdenke, möchte ich gar nicht so viel verändern, sondern eigentlich viel mehr zufrieden sein mit dem, was ich habe und bin. Durchatmen und

Ja sagen können zu meinem Alltag, anstatt mich in die Ferien zu wünschen.

„Fragen Sie sich ein paar Mal am Tag, wie Sie sich fühlen“, las ich neulich in einem Magazin, und der zweite Teil des Zitats brachte mich zum Weinen: „und dann hören Sie sich freundlich zu.“

Ja, wir wissen um unsere Gefühle. Aber wie oft verurteilen wir uns ihretwegen. Wollen sie wegwischen, weil wir nicht schwach erscheinen wollen, nicht mal vor uns selbst.

„Stell dich nicht so an“, sagen wir zu uns selbst. Wie oft verdrängen wir, wie wir uns wirklich fühlen, oder haben sogar Angst vor dem, was uns unsere Gefühle sagen. Dabei wäre doch genau das der erste Schritt: sich seiner selbst bewusst zu werden. Und sich freundlich zu gestatten, das zu fühlen, was da ist; das zu sein, was wir sind.

Hinzusehen, hinzuhören, wahrzunehmen – und es einfach zuzulassen.

Das ist der Moment, in dem wir ein Gefühl dafür bekommen können, was „Frieden“ ist: das Akzeptieren des Unwetters im Auge des Sturms, ohne sich verstecken zu wollen und sich dann deswegen schlecht zu fühlen. Frieden heißt: hinspüren, durchatmen und freundlich zu sich sein.

Ich habe nach wie vor viele Pläne. Das ist auch gut so.

Aber das Wichtigste für mich wird dieses Jahr sein, mir selbst freundlich zuzuhören. Meine Grenzen wahrzunehmen und zu achten. Mein Herz sprechen zu lassen. Meiner Intuition zu trauen. Meine Gefühle zu akzeptieren. Mich nicht kleinzureden, zu verurteilen, zum Anders- oder Bessersein zu zwingen.

Dieses Jahr schenkt mir 365 Mal einen neuen Morgen, einen frischen Start. Aber auch 365 Mal einen Mittag, um ein großes Glas Wasser zu trinken und tief durchzuatmen. Und 365 Mal einen Abend, um den Tag zurück in die Hände dessen zu legen, der ihn mir gegeben hat. Und mich dann selbst mit seinen Augen zu betrachten, mir zu vergeben und mich fallenzulassen.

365 Tage, um mich zu lieben, auch mit Grasflecken an den Knien, schmutzigen Händen, verschmierter Schminke, Staub in den Haaren und jeder Menge Tomatensoße am Hemdkragen.

Manchmal möchte ich mich am liebsten auf die Erde legen

Manchmal möchte ich mich am liebsten
auf die Erde legen.
Ende Februar, wenn aus dem gefrorenen Boden
die ersten Schneeglöckchen sprießen.
Ich möchte in die Erde hineinlauschen
und ihr Summen hören,
ihrer Lebendigkeit nachspüren, die da ist,
das weiß ich,
obwohl es gerade aussieht, als ob sie schläft.

Ich möchte auf der Erde liegen und fühlen, wie sie langsam auftaut; hören, wie sie knackst und knistert und ihre gefrorenen Glieder langsam wieder streckt; spüren, wie sie sich räkelt und wie neues Leben in ihren alten Adern pulsiert.

Ich wünsche mir, durch das Braun schauen zu können, all die Blumenzwiebeln sehen zu können, die da gerade aufwachen und nur noch auf einen Wink des Schöpfers warten, um aus dem scheinbaren Nichts kleine Oasen der Buntheit sprießen zu lassen. Ich stelle mir vor, wie sie kichernd warten, und dann alle gleichzeitig „JETZT!“ rufen und loswachsen.

Dem Licht entgegen. Und der Wärme.

Ich möchte auf der Erde liegen und in den Himmel schauen, der endlich wieder blau ist, so blau wie er nur im Frühling sein kann.

Ich will zuerst ihre Rufe hören und sie dann sehen, die Kraniche, die mehr wissen als ich. Die ihre Route Richtung Heimat eingeschlagen haben, weil er jetzt wirklich, wirklich kommt, der Frühling. In sich ändernden Formationen durchstreifen sie das Blau, drehen ein paar Kreise, warten aufeinander und ziehen wieder weiter.

Ich will die Augen schließen und trotzdem die Sonne sehen, orange leuchtend durch meine geschlossenen Lider, und ihre Wärme im sanften Wind riechen.

Ich möchte auf der Erde liegen und spüren, wie das, was über mir ist, und das, was unter mir ist, sich verbinden, wie Himmel und Erde aufeinander zu wachsen.

Weil sie nur gemeinsam Frühling feiern können.

Und so lange sich Himmel und Erde Jahr für Jahr aufeinander zubewegen und einen neuen Frühling feiern, so lange will ich mich auf die Erde legen und in den Himmel denken, beides in mir spüren und meinen eigenen Frühling feiern.

Den Garten ins Haus lassen

Der Garten einer guten Freundin wurde so angelegt, dass er direkt vor der Terrassentür beginnt. Im Frühling blühen die Apfelbäume, und wenn ihre Blütenblätter abfallen, sammeln sie sich in bunten, duftenden Bergen direkt an der Tür. Wenn meine Freundin nun die Terrassentür nach innen öffnet, werden die ganzen Blüten unweigerlich in ihr Haus geweht.

Meine Freundin findet das nicht so prickelnd. Sie sagt: „Ich habe, sobald ich die Tür aufmache, sofort den ganzen Garten im Haus!"

Ich selbst, die ich in ihrem Haus ja nicht staubsaugen muss, finde diese Tatsache hingegen richtig romantisch: dass sich die Blütenblätter vor der Tür sammeln und bei jedem Öffnen ins Haus wehen und sich überall verteilen. Dass der Garten buchstäblich ins Haus kommt.

Ich muss sofort daran denken, dass ich das Haus sein könnte und Gott der Garten, und sobald ich mich dazu entscheide, die Verbindungstür zu öffnen, kommt der Garten ins Haus. Kommt Gott zu mir.

Ganz ohne mein Zutun. Der Luftzug beim Türöffnen atmet den Garten ein, **meine Leere wird gefüllt, sobald ich die Verbindung zulasse.**

Und genau wie sich der Garten im Haus verteilt und in die kleinsten Ritzen dringt, so verteilt sich Gott in mir und kommt in jede Ecke.

Ich brauche bloß die Tür nach innen zu öffnen und ihn hereinwehen lassen.

Nur für mich

Der Sommer ist da! Die Sonne strahlt vom leuchtend blauen Himmel, meine nackten Füße stehen im warmen Gras, es riecht nach Blumen und Sonnencreme. Man hat das Gefühl, das Leben läuft über! Die Kinder spielen bis spätabends draußen, pflücken Erdbeeren, die in verschwenderischer Fülle an den Sträuchern hängen. Es summt und surrt überall im Garten, die Vögel fangen schon vor vier Uhr morgens an zu zwitschern und beenden ihr Open-air-Konzert nicht, bevor die Nacht hereinbricht – warm, satt, samtig.

Grün, grün überall: Gräser, Bäume, Büsche und Sträucher. Und dann die Blumen: Rosen an der Hauswand, Klatschmohn an den Rändern des Feldes, Lavendel und Ringelblumen in unserem Garten.

Wir essen Eis und radeln zum See, sehen den Wolken beim Fliegen zu, stellen Vogeltränken auf und atmen den Sommer ein. Die Helligkeit steckt uns an.

Irgendwann haben wir im Sommer mit dem „Nur-für-mich-Spiel" begonnen. **Jemand entdeckt etwas, das die anderen übersehen haben, und sagt sich: „Das ist nur für mich gemacht!"**

Eine Wolke, die aussieht wie ein Elefant, ein seltsam geformter Kieselstein, die verstreuten Blüten einer Kornblume auf dem Feldweg, eine zwitschernde Amsel, die keiner beachtet.

„Einen Gruß von Gott", nennt Louis diese Dinge.

Natürlich darf man sie auch mit den anderen teilen und auf sie aufmerksam machen. Das nimmt aber nichts von der Freude, sie als Erster entdeckt zu haben. Dieses Gefühl, etwas wahrzunehmen, was da sicherlich nicht zufällig ist, aber an dem andere achtlos vorbeigehen, wird intensiver, je öfter man das Spiel spielt.

„Der Himmel macht uns jeden Tag Geschenke. Doch häufig packen wir sie gar nicht aus", singt mein Musiker- und Autorenkollege Martin Buchholz. Üben wir das „Auspacken" doch an diesen strahlenden Sommertagen, die übervoll sind von bunten, großen und kleinen, lauten und leisen Wundern. Dann kann uns das „Nur-für-mich-Spiel" vielleicht auch die Tage erhellen, die so gar nichts mit dem Sommer zu tun haben, die kalt, grau und verregnet sind. Auch in ihnen steckt so manches Geschenk, das ausgepackt werden möchte, so mancher Gruß von Gott.

Wir müssen das Hinschauen nur ein bisschen trainieren.

Vom Anziehen der Schuhe

Es war an einem warmen Sommertag.

Ich wollte, dass du deine Schuhe anziehst.

Du setztest dich auf die Türschwelle, stelltest die Schuhe neben dich und blicktest auf den Garten.

Sonnenstrahlen brachen durch die Zweige der Weide und bildeten kleine Flecken auf den Pflastersteinen vor dir. Du sahst sie still an.

Sie veränderten sich. Warum veränderten sie sich? Der Wind bewegte die Blätter. Der Wind war aber sehr sanft. Er kitzelte dich auf deinen nackten Armen. Er roch nach nassem Gras.

Nur eine Stunde zuvor hatte es geregnet. Es roch auch nach Erde. Und Himbeeren.

Der Wind machte lustige Geräusche mit den Blättern der Weide. Du summtest mit, während du verzückt in die Blätter schautest, die an den dünnen Zweigen tanzten und sich wiegten im zarten Wind.

Eine Hummel summte vorbei. Du kanntest sie, sie hat ihr Nest in der Mauer des Schuppens. Du verfolgtest sie mit deinen Augen.

Auf dem Dach des Schuppens saßen zwei kleine Vögel, die miteinander redeten. Andere Vögel antworteten ihnen aus der Ferne. Die zwei kleinen Vögel hoben ab und gesellten sich zu ihren Freunden im Garten hinter dem Schuppen.

Das satte Braun der Steine an der Wand gegen den blauen Himmel.

Weiße Wolken. Grüne Blätter.

Dein Fußball an der Hauswand.

Die Schaukel, die sich ebenfalls im Wind bewegte.

Eine kleine Spinne kroch unter die Fußmatte vor unserer Haustür. Du folgtest ihr mit einem Finger. Du bliest sie sanft an. Sie blieb stehen. Dann setzte sie ihre Reise schnell fort.

Du lächeltest.

Du rutschtest ein bisschen zur Seite, um sie ungehindert an deinen Füßen passieren zu lassen.

Dann blicktest du wieder auf, hieltest deine Nase in die Luft und blinzeltest in die Sonne.

Friede.

Deine Schuhe standen neben dir.

Ich wollte, dass du deine Schuhe anziehst.

Schon viele Male war das so passiert: Ich wollte, dass du deine Schuhe anziehst und ging weg, nur um fünf Minuten später wiederzukommen und dich dasitzen zu sehen, die Schuhe immer noch neben dir.

Und ich wurde sauer auf dich, weil du nicht getan hattest, was du solltest.

Dieses Mal war ich nicht weggegangen.

Ich hatte gesehen, was du sahst, gerochen, was du erschnuppert hattest, wahrgenommen, was du wahrgenommen hattest.

Die Welt ist ein fantastischer, aufregender Ort für unsere Augen und Ohren, unsere Nasen und unsere Haut.

Und unsere Seelen.

Du bist derjenige mit dem richtigen Fokus, mein Sohn.

Lehre mich weiter, und gib mich nicht auf, mich mit meiner eingefahrenen erwachsenen Art, alles schnell erledigen und abhaken zu müssen.

Ich bin ja noch am Lernen.

Farben

Was ich am Sommer am meisten liebe: die Farben!

Es ist eine meiner Lieblingsbeschäftigungen, Farben zu entdecken: auf einer Blumenwiese, am Himmel, im Fell oder Gefieder von Tieren. Sie wahrzunehmen, zu benennen oder mich manchmal auch darüber zu wundern, wie sie sich je nach Situation oder Lichteinfall verändern können.

Das war nicht immer so.

Ich war viele Jahre lang blind für die Vielfalt der Farben, habe sie nie hinterfragt oder sonderlich gewürdigt – bis ich einen Maler heiratete.

Er hat in mir die Liebe zu Farben geweckt, und ich staune immer wieder, wie viel er über sie weiß, und auch darüber, wie oft sich aus Gesprächen über Farben philosophische Gedanken entwickeln, und welchen Einfluss die Farbwelt auf unser Leben hat.

Eines der spannendsten Themen sind sicher die Komplementärfarben: Das sind diejenigen Farben, die sich auf dem Farbkreis gegenüberstehen, die also das Gegenteil voneinander sind. Man nennt sie deshalb auch „Gegenfarben". Die bekanntesten sind Blau-Gelb und Rot-Grün.

Ein blauer Himmel und gelber Sand, oder rote Klatschmohnblüten in der grünen Wiese.

Komplementärfarben überhöhen sich gegenseitig in der Wahrnehmung und haben deshalb eine besondere Wirkung auf uns.

„Gegenfarben" begegnen uns nicht nur in der Kunst und der Natur, sondern auch in anderen Bereichen unseres Lebens: in unseren Familien oder in unserem Beruf.

Oft denken, fühlen und handeln Menschen gegensätzlich. Sie scheinen die Welt durch einen komplett anderen Farbfilter zu sehen als wir.

Und manchmal werden aus diesen Gegensätzen dann Fronten. Ich habe es selbst gesehen und erlebt. In jeglichen Arten von Beziehungen.

Es macht im Leben einen großen Unterschied, ob man sich gegenübersteht und anfeindet, oder ob man sich gegenübersteht und versucht, einander zu vervollständigen.

Das klingt sehr einfach, ich weiß! Und es ist mir auch bewusst, dass ich hier von etwas rede, was uns Menschen nur bedingt möglich ist.

Trotzdem: Wenn wir uns ab und zu bewusst machen, dass Rot nun mal nicht Grün ist und es auch nie werden kann, ist es mitunter ein erreichbares Ziel, Rot schön zu finden, einfach nur, weil Rot Rot ist.

Ich kenne eine Frau, die sehr darunter leidet, wenn man nicht immer einer (ihrer!) Meinung ist. Sie möchte – um in unserem Bild zu bleiben –, dass alles grün ist. Das ist natürlich utopisch, ein unerreichbarer Zustand.

Aber wie viel reicher wird doch die Welt, wird das Leben, wenn Farben zusammenspielen, wenn sie gerade durch die komplementäre Wechselwirkung umso intensiver wahrgenommen werden!

Ich denke, dass es sicher kein Zufall ist, dass Gott nach der Sintflut den Regenbogen als Zeichen seines friedlichen Bundes mit den Menschen an den Himmel stellte (vgl. 1. Mose 9,13): **Farben, die einander ergänzen, die erst zusammen richtig erstrahlen können, die nur in ihrer Vielfalt wirklich bunt und lebendig sind, als Zeichen dafür, dass wahrer Friede kein Einheitsbrei sein kann und darf.**

Friede braucht Vielfalt, um wirklicher Friede zu sein.

Äquinoptium

Mein Geburtstag ist im Herbst. Meistens erleben wir gerade den Abschied des Sommers, wenn die Nächte wieder kalt werden, aber die Tage sich oft noch aufwärmen und aufbäumen, weil sie den Sommer nicht gehen lassen wollen. Für eine kurze Zeit begegnen sich Tag und Nacht auf Augenhöhe.

Ich liebe diese Jahreszeit.

Schon seit der Grundschule ist dies mein Lieblingsgedicht:

Septembermorgen

Im Nebel ruhet noch die Welt,
Noch träumen Wald und Wiesen:
Bald siehst du, wenn der Schleier fällt,
Den blauen Himmel unverstellt,
Herbstkräftig die gedämpfte Welt
In warmem Golde fließen.

- Eduard Mörike -

Ich liebe es, weil es meiner Meinung nach genau das ausdrückt:

dieses Zwischen-den-Welten-Sein,
zwischen Sommer und Herbst,
Tag und Nacht,
Nord und Süd,
warm und kalt.

Es fließt.

Golden.

Es summt und brummt, blüht und wächst nicht mehr so leichtfertig, sondern alles weiß, dass die höchste Zeit vorbei ist.

Und verschwendet sich nicht minder. Im Gegenteil: Mein Garten blüht mit einem letzten Leuchten auf, bevor die Blätter fallen und die Blüten verwelken.

Er hat alles erreicht.

Man hat jedoch nicht den Eindruck von Verlust oder Scheitern, sondern fühlt, dass genau das der wahre Grund des Seins ist:

das „Sich-Geben".

Sich geben bis zum letzten bisschen Energie, zum letzten bisschen Farbe.

Wie ein Lächeln, wie Liebe.

Es ist nicht ein Weggeben, sondern ein Hingeben.

Der Gesang der Vögel, der Regen, der Sonnenschein, der Schnee, die Herbstblätter:

nicht weggegeben, sondern hingegeben in die Welt,
in unsere Ohren und Augen und Herzen – unverstellt,
in aller Wahrhaftigkeit des Seins.

**Und ich kann diesen Sommer nicht aufgeben,
ohne mich selbst zu geben, hinzugeben,
in das Leben zu geben, mit Haut und Haar.**

**Diese Schönheit im Sich-Hingeben ist das
Loblied auf meinen Lippen jedes Jahr im Herbst.**

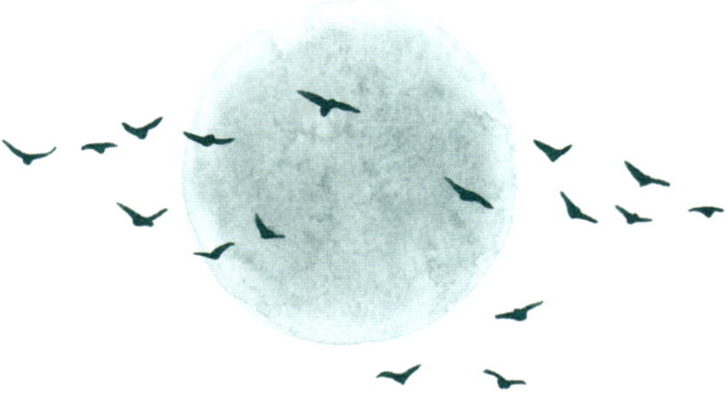

Novemberbaum

Bäume im November haben etwas an sich, das mich immer wieder mit Ehrfurcht erfüllt.

Entblättert, all ihrer Schönheit beraubt, stehen sie still da, nackt und schutzlos, und doch majestätisch.

Es ist, als ob sie still träumen, vielleicht vom Frühling. Sie strecken ihre Zweige zum Himmel aus, halten sich mit ihren Wurzeln tief im Boden fest, atmen ein und aus, trotzen den Stürmen, dem peitschenden Regen und der Dunkelheit. Sie sparen sich die Kraft zum Blühen fürs Frühjahr auf.

So geht es mir auch manchmal.

Die Novembertage in meinem Leben lassen mich schutzlos zurück, kalt, einsam. Doch wie die Bäume im November kann auch ich still träumend Wind und Wetter standhalten, wenn ich meine Arme zum Himmel ausstrecke und mit beiden Füßen fest auf dem Boden stehe.

Es kann nicht immer Frühling sein. Und doch muss ich nicht erfrieren. **In mir pulsiert das Leben, ich halte still und sammle neue Kraft, werfe meine Sehnsucht in den Himmel und halte mich an meinem Vertrauen fest.**

Ich sammle mich neu, und irgendwann,
wenn die Zeit reif ist,
werde ich auch wieder blühen.

Die Freude ist überall

An einem grauen Tag, kurz vor Weihnachten, kam mein Mittlerer sehr niedergeschlagen von der Schule zurück. Eine Freundschaft war zerbrochen, ein Lehrer war ungerecht gewesen, es regnete in Strömen, gab eine Menge Hausaufgaben, und der kleine Bruder war nachmittags verabredet, er selbst aber nicht.

„Heute ist der schlimmste Tag meines Lebens", seufzte Fionn, und ich glaube, er glaubte das wirklich.

Der Tag ging auch nicht sonderlich gut für ihn weiter. Die schlechte Stimmung hielt an und bis zum Abend musste ich mehrmals Tränen trocknen und trösten.

Am Abend saß die ganze Familie um den Tisch herum. Wir aßen, redeten, lachten ein bisschen, stritten ein bisschen; besprachen den nächsten Tag, alles war wie immer, als uns plötzlich Fionns glockenhelle Stimme unterbrach:

„Frohe Weihnacht!", sang er, „Merry Christmas! Seht die Lichter ohne Zahl!

Frohe Weihnacht! Merry Christmas! Ja, die Freude ist überall!"

Alle drei Strophen dieses Weihnachtsliedes, das die dritte Klasse dieses Jahr neu gelernt hatte, sang er, ohne zu zögern und ohne zu unterbrechen. Der Rest der Familie hörte andächtig zu, wir spürten alle, dass hier etwas Besonderes geschah.

Als er geendet hatte, applaudierten wir, Fionn strahlte von einem Ohr zum anderen. Er ging an diesem „schlimmsten Tag seines Lebens" glücklich und zufrieden ins Bett.

Mir ist diese Szene im Gedächtnis geblieben. Ich erinnere mich jedes Mal an sie, wenn ich nach einem besonders harten Tag erschöpft ins Bett falle. Dann denke ich an mein Kind, das mit seinem Singen den Schmerz vertrieben hatte.

Wenn wir doch alle unsere Tage so beschließen könnten: einfach drauflos singen, vielleicht auch mit zitternden Stimmen, dem Tag zum Trotz.

Weil wir wissen, dass die Last weggesungen werden kann. Mit einem Lied vom Licht, das die Dunkelheit durchbricht.

Einem Lied von der Freude, die überall ist.

Amaryllis

Ich habe mir vor ein paar Tagen eine Amaryllis gekauft. Einen kleinen, grünen Stumpf, besser gesagt, der einmal eine Amaryllis werden soll. Nach nur zwei Tagen war dieser Stumpf jedoch schon mächtig gewachsen – ein bisschen schief Richtung Fenster.

Schnell drehte ich den Topf, denn in der Anleitung stand ja: „Den Topf drehen, wenn sich die Pflanze zum Licht neigt."

Wir hatten sie alle schon, die vergessenen Blumen, die so schief Richtung Fenster und Sonne gewachsen waren, dass sie ganz schwach und krumm wurden. Die man dann abstützen musste, damit ihre eigene Blüte ihnen nicht zu schwer wurde und der Stiel abbrach.

Ich ruckelte also am Topf meiner Amaryllis herum und freute mich, dass meine schöne Blume nun in die andere Richtung weiterwachsen würde, als mir plötzlich der Gedanke durch den Kopf schoss: „Das ist wie bei uns."

Das ist wie bei uns. Wir wachsen zum Licht.

Der Topf wird gedreht, und wir blicken in die Dunkelheit.

In Abgründe, in Schmerz, Verlust, Trauer und Ängste.

Aber wir drehen uns wieder zum Licht. Schauen auf das Helle und neigen uns dorthin zurück.

Und weil wir immer wieder in Richtung Dunkelheit gedreht werden und uns immer wieder zum Licht neigen, wachsen wir gerade.

Wie meine Amaryllis. Die schießt nun kerzengerade, stark, grün und wunderschön nach oben! Und wenn sie einmal blüht, wird sie keine gebastelten Stützen mehr brauchen. Sie wird stark genug sein, ihre Blüte in das Licht öffnen und mich mit ihrer Schönheit glücklich machen.

Und sie wird mich daran erinnern, dass wir das alle auch können: einander glücklich machen, mit dem, was wir sind.

Überflüssig

Seit Tagen regnet es ununterbrochen. Im Januar. Ich wünsche mir Schnee oder ein bisschen Sonne, aber es ist grau, und es regnet.

Der Regen begleitet mich konstant. Er prasselt aufs Dachfenster, wenn ich zu Bett gehe. Er hämmert aufs Autodach, wenn ich die Kinder zum Sport fahre.

Er rauscht um mich herum, wenn ich im Wald spazieren gehe; er klingt freundlicher hier, wo die Natur den größten Teil aufschluckt.

„Sowas von überflüssig", sagt meine Freundin und steht in unserem Hausflur wie ein begossener Pudel.

Überflüssig? Ich denke abends darüber nach, während ich im Bett liege und auf das Dachfenster starre, es kontinuierlich weiterplätschert, und der Regen über das Dach läuft und durch die Fallrohre gluckert.

„Sinnlos", meinte meine Freundin sicher, die genug vom Dauerregen hatte. Aber „überflüssig" trifft es nicht ganz. Das ist eigentlich ein schönes Wort. Wenn etwas so voll ist, dass es überfließt. Ich denke unweigerlich an eines meiner Lieblingsgedichte von Conrad Ferdinand Meyer, das „Der römische Brunnen" heißt:

Aufsteigt der Strahl und fallend gießt
Er voll der Marmorschale Rund,
Die, sich verschleiernd, überfließt
In einer zweiten Schale Grund;
Die zweite gibt, sie wird zu reich,
Der dritten wallend ihre Flut,
Und jede nimmt und gibt zugleich
Und strömt und ruht.

Überfließen verbinde ich mit Glück. Wenn man so viel von etwas hat, dass es weitergegeben wird, ganz automatisch. Der römische Brunnen mit seinen drei Becken, die gleichzeitig gefüllt werden und Wasser abgeben, die sich stetig austauschen, in Bewegung sind und doch ruhend und ohne Mangel, war für mich schon immer ein Bild vom erfüllten Leben.

Womit aber füllen wir unsere Schalen?

Im Leben jagen wir doch meistens den „sinnvollen" Dingen hinterher, wir arbeiten hart, verdienen Geld, leisten unermüdlich, halten unsere Kinder zu Ordnung, vollständigen Hausaufgaben und guten Noten an, knüpfen Kontakte, die uns beruflich weiterbringen, und messen den Wert unseres Lebens doch allzu oft daran, was wir besitzen, uns leisten können und wie weit wir es gebracht haben.

Die Bibel sagt, was das Leben eines Menschen wert ist, entscheidet sich nicht an seiner Arbeit und seiner Leistung, sondern an dem Maß, an dem er am Geist des Höchsten Anteil hat (vgl. Epheser 1,14).

Gelassenheit ist kein Werk, aber ein Zeichen von Menschlichkeit. Frieden und Freundlichkeit sind keine Leistungen. Von Güte kann ich mir nichts kaufen, und dass ich ein fröhlicher Mensch bin, kann ich schlecht in meine Bewerbung schreiben.

Und doch sind genau das die Dinge, die „den Brunnen" zum Überfließen bringen.

Die ständigen Anforderungen an uns, Großes zu leisten, hart zu arbeiten, viel zu verdienen, erfolgreich zu sein, laugen uns aus. Aber daran messen wir Menschen uns selbst und andere. Wie blöd!

Genauso blöd wie den Regen zu messen und zu bewerten! Ein Tag Regen ist gut für den Garten, aber tagelangen Dauerregen halten wir für nutzlos. Dem Regen ist das egal. Er fließt weiterhin über.

Und für mich ist er seit heute noch etwas Sinnvolleres geworden: **ein Zeichen dafür, wer wir in Wahrheit sind.**

Rückblick nach vorne

„In elf Monaten ist Weihnachten“, sagte meine Tochter heute, am 24. Januar, beim Frühstück. Ich glaube, mir ist dieser Satz am 24. Januar noch nie in den Sinn gekommen.

Mein Kopf ist mit Dingen beschäftigt, die in naher Zukunft vor mir liegen. Ich denke hauptsächlich über die kommende Woche nach. Manche Planungen gehen zwar schon bis zum Jahresende, aber die sind meist beruflicher Art.

Meine Tochter plante keine Konzerte, nein, sie freute sich einfach auf Weihnachten.

Wie schön, schoss es mir durch den Kopf, dass sie Weihnachten noch im Kopf hat. Meine Kinder haben viel mehr Weihnachten im Kopf als ich! Das ganze Jahr über kann es passieren, dass irgendjemand plötzlich ein Weihnachtslied singt, und ab September machen sich die Kleinen schon Notizen für ihre Wunschzettel.

Um an diesem 24. Januar jedoch nach vorne zu schauen, musste meine Tochter eigentlich eher zurück schauen. Das liegt näher: Sie musste sich das Gefühl von Weihnachten bewahrt haben.

Ich begann zu verstehen, wie gut dieser Rückblick manchmal ist. Wir Großen sind ja meistens damit beschäftigt, nach vorne zu blicken, vorauszuschauen. Aber um sich elf Monate vorher auf Weihnachten zu freuen, muss man sich daran erinnern, wie es sich letzten Monat angefühlt hat.

Sich diese schönen Momente im Gedächtnis zu bewahren, sie sich immer wieder wachzurufen, ist etwas sehr Heilsames, Seelenstreichelndes: der Moment der Geburt eines Kindes. Die erste Zeit des Kennenlernens des Partners oder der Hochzeitstag. Ein schöner Urlaub. Ein berührendes Erlebnis. Spannende Ferientage. Ein besonderes Treffen mit Freunden. Der letzte Restaurantbesuch.

Es ist auch ganz besonders schön, gemeinsam mit seinen Kindern in Erinnerungen zu schwelgen! Ich liebe es, wenn meine Kinder begeistert zu erzählen beginnen: „Weißt du noch …?“ Sie erzählen sich gegenseitig Geschichten, sogar solche, die sie selbst nur gehört haben, bei denen sie gar nicht dabei waren.

Louis zu Jonna: „… und als du in Amerika in die Schule gekommen bist, warst du so alt wie ich jetzt und kanntest die Sprache gar nicht so gut und keinen in deiner Klasse, und dann hast du doch ganz viele Freunde gefunden!“

Jonna zu Fionn: „Als du geboren wurdest, kam ich mittags nach Hause, sah dich das erste Mal und habe dich eine Stunde lang nicht mehr hergegeben!“

Fionn zu Louis: „Als wir beide noch echt miniklein waren, haben wir einmal das Katzenfutter aus dem Napf gegessen!“

Sich an Geschichten und Situationen zu erinnern bedeutet immer, sich an das zu erinnern, was wir mit diesen verbinden: Meistens ist das etwas, auf das wir stolz sind; etwas, was mit Liebe zu tun hat in jedweder Form. Etwas, was es wert ist, weitererzählt zu werden; etwas, was es wert ist, dass seiner gedacht wird.

Wir haben in unserer Familie ein Buch, in das wir solche Geschichten aufschreiben. Jedes Familienmitglied darf hineinschreiben (oder malen), wenn er oder sie etwas verewigt haben möchte. Ich freue mich jetzt schon darauf, dieses Buch in vielen Jahren anzuschauen.

Wir vergessen nämlich viel. Zu viel.

Besonders in hektischen Zeiten, in Problemzeiten, vergessen wir diese Glücksmomente, diese kostbaren Augenblicke. Sich gerade dann wieder an sie zu erinnern, kann uns ein Stück Geborgenheit zurückgeben.

Sich mit einem unzufriedenen Teenager hinzusetzen und sich mit ihm über einen Tag zu unterhalten, an dem er als Kind etwas besonders Schönes erlebt hat, kann Wunder bewirken. Sich an einem kritischen Punkt in einer Beziehung die Momente ins Gedächtnis zu rufen, in denen man sich wortlos verstanden hat und vor Glück fast platzen wollte, kann den Blick auf den anderen verändern. Ein unglückliches Kind daran zu erinnern, wie es einmal tapfer war oder etwas Tolles gemacht hat, kann es wieder stärken und hoffnungsvoll machen.

So mancher Blick zurück hilft uns, gefestigter nach vorne zu schauen.

Ich rede nicht vom Sich-Verlieren in Erinnerungen, wenn die aktuelle Realität zu schwer zu ertragen ist. Eine solche Situation braucht andere Maßnahmen.

Aber manche Erinnerungen machen uns einfach glücklich. Und Dankbarkeit für diese schärft unsere Sinne für alle noch kommenden schönen Momente.

So wie heute.

Wie lange ist es jetzt noch bis Weihnachten, während du das liest?

Samen säen

Ich habe in meinem Garten Samen gesät,
aber es scheint, als würden sie nicht wachsen.
Es stürmt, raue Winde wehen.
Alles ist von Schnee bedeckt.
Was da unten in der Erde passiert,
ist für mich nicht zu sehen.

Die Samen sind in der Dunkelheit verschwunden,
vor mir verborgen.
Sie geben kein Zeichen,
nicht der kleinste Hinweis ist zu sehen.
Da unten in der Erde
erscheinen sie verloren,
verloren an die endlose Nacht,
den ewigen Frost.

Doch der Moment, in dem alles verloren scheint,
ist der Moment der Transformation.
Die dunkelste Stunde der Nacht
hält ein Versprechen vom Morgengrauen.
Der Boden, auf den die Samen fielen,
ist heiliger Boden.

Und dieses weiß ich:
Samen auszusäen ist niemals vergebens.
Wirf sie, vergrabe sie, gib sie her.
Denn nur dort, am Boden, in der Erde,
liegt die lebensspendende Kraft,
geschieht das Wunder.
Nicht in deinen Händen.
Mach keine Pläne, denk nicht an die Ernte.

Der Moment, in dem alles verloren scheint,
ist der Moment der Transformation.
Die dunkelste Stunde der Nacht
hält ein Versprechen vom Morgengrauen.
Der Boden, auf den die Samen fielen,
ist heiliger Boden.

Samen müssen vergraben werden,
bevor sie wachsen können.
Vieles muss vergraben werden,
bevor es sich zu neuem Leben erheben kann.
Transformation ist die Essenz des Seins,
eine der vielen Überraschungen des Lebens.

Darum säe, mein Freund, säe, meine Freundin.
In die Nacht hinein.
Mitten im Winter.

Denn der Moment, in dem alles verloren scheint,
ist der Moment der Transformation.
Die dunkelste Stunde der Nacht
hält ein Versprechen vom Morgengrauen.
Der Boden, auf den die Samen fielen,
ist heiliger Boden.
Der Boden, auf dem wir stehen,
ist heiliger Boden.
Der Boden
ist heilig.

Tageszeiten

Morgen

Ich schlage meine Augen auf. Es dämmert.
Die Nacht entfernt sich mit leisen Flügelschlägen.
Noch schlaftrunken nehme ich die ersten Eindrücke
in mich auf:
leise Geräusche, meinen eigenen Atem, die Umrisse
meiner Hand im Dämmerlicht.

Alles, was bedeckt war, taucht schemenhaft wieder
auf.
Alles Schöne, Gute, aber auch das Schwere, Ungelöste.

Ein neuer Tag ist mir gegeben. Ich danke dem Himmel
dafür.
Ein neuer Tag, um zu atmen, Dinge anzupacken,
Menschen zu berühren.
Ein neuer Tag, den ich mit allen Sinnen wahrnehmen
möchte, und für den ich mich jetzt bereit mache.
Ein neuer Tag voller Gelegenheiten, voller
Wimpernschläge, Augenblicke, Zwischendurch-
momente, Weichenstellungen, Entscheidungen.

Alles, was schwarz war, wird grau,
bekommt langsam wieder Farbe,
wird eingetaucht in neues Licht.
Die Nacht hat mich behütet und gestärkt.
Dem Tag will ich dienen, ihm zurückgeben,
was mir geschenkt wurde.
Mit jedem Atemzug strömt Segen ich mich hinein.
Mit jedem Atemzug will ich heute selbst
ein Segen sein.

Noch bevor mich mein Alltag einnimmt,
bevor ich mich anziehe, Betten mache, Kaffee koche,
Kinder wachküsse,
will ich mich diesem Tag weihen.
Ihn der Liebe in die Hände legen.
Mein großes Ja sprechen zu allem, was ist.
Mein Ja zu der Arbeit, die vor mir liegt,
zu den Menschen, die mir heute begegnen.
Mein Ja zu den Aufgaben, die mir gestellt werden,
und zu den Begebenheiten, die sich erst noch
zeigen werden.
Und ich will mich erinnern an das Ja der Liebe zu mir.
Mich erinnern: Ich bin ihr Kind.
Und wohin ich heute auch gehe, sie war schon da.

Ja, es ist möglich,
das eigene Leben zu einem
Kunstwerk der Freude zu formen.
Ja, es ist möglich,
seine tiefsten Herzenswünsche
als Erfahrung zu erleben.
Ja, es ist möglich,
in jedem Augenblick des Lebens
eine Kehrtwendung zu machen.
Eine Wendung hin zu sich selbst
und zu dem Himmelreich,
dem unendlichen Potenzial in uns.
Ja, das ist möglich.

– Rainer Maria Rilke –

Anmerkungen

[1] Angelehnt an das Zitat von Oscar Wilde aus seinem Drama „Salome".

[2] Juliana von Norwich: „Offenbarungen von göttlicher Liebe", 4. Auflage, Johannes Verlag, Einsiedeln 2011.

[3] David Steindl-Rast: „Staunen und Dankbarkeit", Verlag Herder, Freiburg 1996, S. 109.

[4] Raabe, Wilhelm: „Die Kinder von Finkenrode", in: Raabe, Wilhelm: „Sämtliche Werke" Bd. 2, Vandenhoeck & Ruprecht, Göttingen 1992.

[5] zitiert in Richard Rohr, „Ins Herz geschrieben" , Herder Verlag, Freiburg im Breisgau 2008, S. 50.

[6] König David in Psalm 31,9b.

[17] Amos Oz: „Eine Geschichte von Liebe und Finsternis", Suhrkamp Verlag, Frankfurt am Main 2004.

[8] Ebd.

[9] David Steindl-Rast: „Einladung zur Dankbarkeit", KREUZ Verlag in der Verlag Herder GmbH, Freiburg im Breisgau 2012, S. 119.

[10] Ebd., S. 106.

[11] Vgl. Richard Rohr: „Pure Präsenz", Claudius Verlag, München 2010, Seite 146.

[12] Angelehnt an das Gleichnis in Matthäus 13,31-32 und Lukas 13,18-19.

MIX
Papier aus verantwortungsvollen Quellen
FSC® C023419
FSC
www.fsc.org

1. Auflage 2020
Bestell-Nr. 817697
ISBN 978-3-95734-697-1

Umschlaggestaltung und Satz: Hanni Plato
Umschlaglllustration: Shutterstock, Kate Macate
Druck und Verarbeitung: Lego SpA, Italien

Printed in Italy

Auf starken Füßen will ich mutige Schritte wagen,
wissend, dass ich auf heiligem Boden stehe,
jede Minute dieses Tages.
Mit sanften Händen will ich beherzt zupacken,
liebend loslassen,
dankend weitergeben, was mir geschenkt wurde.
Mit feinen Ohren will ich im lauten Rauschen
des Tages die leisen Töne wahrnehmen,
die geflüsterten Hilferufe,
das fast unhörbare Reden meines eigenen Herzens.
Mit offenen Augen will ich deine Spuren sehen, Gott,
dein Gesicht in den Gesichtern dieses Tages,
will meine Segnungen zählen
und die Gelegenheiten erkennen,
diese Welt zu einem Stück deiner Welt zu machen.
Mit meinem Mund will ich Lieder singen,
Trost spenden, Lachen verteilen.

Die Farben sind jetzt besser erkennbar,
Umrisse werden klarer.
Ich strecke mich, spüre meinen Körper.
Probiere ein erstes Lächeln vor dem
Badezimmerspiegel.
Ich sehe nur mich und weiß doch,
ich bin nicht allein.

Ich ziehe deinen Frieden und deine Liebe
mit meinen Kleidern an.
Und sage laut mein erstes Ja des Tages.

Mittag

Es ist Mittag. Die Mitte dieses Tages.
Ich halte inne.
Versuche, meine eigene Mitte zu finden.
Trinke mit langsamen Schlucken ein großes Glas Wasser.
Atme tief ein und aus.

Eigentlich ist die Mitte des Tages immer besonders hektisch.
Vielleicht kommen die Kinder aus der Schule.
Vielleicht muss man vor der Mittagspause im Büro noch eilig etwas erledigen.
Der Körper signalisiert, dass das Frühstück
schon lange zurückliegt;
der Magen ist leer, der Kopf ist voll von dem,
was in den letzten Stunden war,
und alle Sinne laufen auf Hochtouren.

Höchste Zeit, sich auf dem Höhepunkt des Tages,
mittendrin, wieder zu zentrieren.
Einen Augenblick der Ruhe zu feiern.

Ich lasse mein Schweigen in die Mitte
dieses Tages fallen,
wie einen Kieselstein in einen Teich.
Beobachte, wie seine Wellenkreise sich über die
Oberfläche ausbreiten.
Mein Schweigen macht den Tag tiefer,
gibt ihm eine neue Dimension.

Ich mache Pause.
Setze mich.
Lege vielleicht sogar meine Füße hoch
und meinen Kopf zurück.
Selbst fünf Minuten reichen,
um mich wieder zu sammeln.
Sich sammeln. Ich liebe dieses Bild: Als ließe ich viele
kleine Teile von mir in jeder Arbeit, die ich bisher
verrichtet habe, bei jedem Menschen, mit dem ich
bisher zu tun hatte, zurück.
Jetzt sammle ich mich wieder ein, werde wieder ganz,
werde wieder ich.
Und „ich" bedeutet: Gut. Heil. Schön. Stark.
Weil ich ein Ebenbild dessen bin, der all das ist.

Ich zentriere mich.
Lasse mein Tun und Wollen
und bringe in meinem kurzen Nichtstun diese
wieder zusammen:
Oben und Unten,
Schweres und Leichtes,
Hartes und Weiches.

In meiner Mitte begegnet es sich.
Findet Platz.
Bekämpft sich nicht mehr,
sondern vereint sich.
Ich halte es mit leichten, offenen Händen,
halte es dem Schöpfer hin, der Quelle selbst,
dem Friedensgeber und Lebensspender.

In meiner Mitte finde ich wieder zu mir.
Von hier aus finde ich wieder einen Standpunkt,
von dem aus ich dem verbleibenden Tag
entgegengehe,
mit ruhigem Herzen,
mit gefüllten Händen
und einem Lächeln auf dem Gesicht.

Abend

Der Tag ist vorbei.
Die Nacht bricht herein.
Die Schatten werden länger, die Geräusche dumpfer.
Es wird stiller und langsamer, um mich herum
und in mir.

Es ist Zeit, diesen Tag mit dankbarem Herzen
in die Hände dessen zurückzulegen,
der ihn mir gegeben hat.
Im Vertrauen darauf, dass er andere Maßstäbe
hat als ich,
die Wirklichkeit anders sieht, und den Wert
des vergangenen Tages anders berechnet.

Ich lege zurück in seine Hände:
  Was ich bekommen habe,
und was ich übersehen habe.
  Was ich vollenden konnte,
und was mir misslungen ist.
  Was ich anderen schuldig geblieben bin,
und was ich versucht habe.
  Was mich zum Lachen gebracht hat,
und was zum Weinen.

Was mich stärkt,
und was mich schmerzt.
Was ich bekommen habe,
obwohl ich es nicht wollte.
Was ich nicht verstehe.

Dort, in ihm, finden alle Gegensätze zusammen.
Sein Tun verwandelt mein Leben,
auch wenn ich schlafe.
Seine Liebe wirkt weiter, auch wenn ich ruhe.
Darum will ich nicht werten, mich aufreiben
an meinen Gedanken über richtig und falsch.
Sondern loslassen und alles in die Nacht fallenlassen,
was heute war.
Einer wird es vollenden oder wenden,
oder einfach lieben, wie es ist.
Und das ist Gnade.

Und ich lasse mich selbst los, wissend,
dass mich nichts trennen kann
von diesem Strom der Gnade, der dort sprudelt,
wo die Nacht am dunkelsten ist.
Wissend, dass es genug ist, geliebt zu sein von dem,
der die Liebe ist.
Wissend, dass ich genug bin, unabhängig davon,
wie ich heute durch den Tag gegangen bin.

**Ich lasse mich fallen,
in seine Hand,
lasse mich von Frieden durchwehen,
von Gnade umhüllen,
von Liebe bedecken.**

Bis morgen das Licht des Himmels wieder aufgeht
über der Welt und über mir.

Nacht

Das Haus ist still. Ich höre die Uhr ticken,
den Kühlschrank summen.

Der Tag ist vorbei, der Abend ist vorbei,
doch mein Gedankenmachen noch längst nicht.

Die Stille lässt vieles aufwallen, was am Tag nicht die Zeit dazu hatte, und die Dunkelheit um mich herum macht mich aufmerksam für die Dunkelheit in mir.

Nein, in manchen Nächten kann ich den Schlaf nicht sorglos umarmen.

Ich habe Angst und mein Herz ist unruhig.
Mein Glaube ist klein, und er wird kleiner mit jeder Minute, die mich tiefer in diese schwarze Nacht bringt.

Ich ahne:

Nur einer, der meine Gedanken kennt,
kann sie auch beruhigen.

Nur einer, der die Nacht erhellt hat,
kann mir die Angst davor nehmen.

Ich
Bin
Nicht
Allein.

Ich werde gesehen, mit meinem kleinen Glauben und meinen großen Fragezeichen.

Ich wünsche mir keinen Glauben, den ich festhalten und in die Tasche stecken kann, sondern einen Glauben, der lebendig ist, sich wandeln darf; einen Glauben, den ich jeden Tag und auch in der Nacht erfahren darf.

Ich wünsche mir keinen Glauben, der auf alles eine Antwort hat, der unfehlbar ist, sondern einen Glauben, der den unangenehmen Fragen nicht ausweichen muss, der die Zweifel aushält.

Ich wünsche mir einen Glauben, der aufgeht wie mein Sauerteig im Ofen. Der mein Leben durchtränkt wie der Sauerteig das Mehl, mit dem ich mein Brot backe. Der wächst wie die Korkenzieherweide vor meinem Fenster. Der anderen Schutz und einen Raum bietet, so wie ihre Baumkrone den Vögeln.

Ich wünsche mir einen Glauben, der den großartigen Schöpfer hinter den Wundern dieser Welt entdeckt, und der die Wunder dieser Welt hinter allem entdeckt, mit dem ich in Berührung komme.

Ich wünsche mir einen Glauben, der mich aufweckt
und der mich ruhig schlafen lässt.
Ich will mit Mut und Hoffnung durch meine Tage gehen,
und mit Vertrauen durch meine Nächte.

Ich wünsche mir Vertrauen, das stärker ist als meine Angst.

Und ich wünsche mir den Glauben an das Geheimnis der Liebe, das größer ist als das Geheimnis des Todes.

Durch diesen Glauben will ich selbst zu dem Licht werden, das diese Nacht ein Stückchen heller macht.

In der Mitte dieser Nacht
fängt der neue Tag an.
Auch, wenn ich das noch nicht fühle oder sehe.
In der Mitte meiner Angst
fängt Gott mich auf.

Ich bin gehalten. Ich bin getragen.
Ich darf loslassen.

Wachsende Wunder

Hymne an einen Zweijährigen

„Gut geschlafen?“, fragt mich mein Zweijähriger, sobald ich seine Zimmertür am Morgen nur einen Spalt breit öffne, und seine Augen strahlen schon um sieben Uhr morgens voller Vorfreude auf den neuen Tag.

Das Frühstück ist ein Fest.

Die offene Klappe der Spülmaschine ist eine Rutsche für die Gummi-Ente.

Der Draht des Türstoppers ist ein Musikinstrument.

Ein Apfel ist ein Festschmaus – unglaublich, mit wie viel Genuss man ihn essen kann.

Überall sieht er kleine Wunder und reagiert auf sie.

Er versucht, das Lied der Vögel nachzusingen.

„Alles gut“, sagt er, und legt seine kurzen Ärmchen um den weinenden kleinen Bruder.

Jede Aufgabe, die er erledigt, lässt ihn vor Stolz aufstrahlen.

Überhaupt, alles lacht bei ihm! Lachende Augen, lachender Mund, lachende Hände!

Sich falsch herum auf einen Stuhl zu setzen ist das Lustigste auf der Welt. Aber wenn etwas weh tut, dann muss man es auch zeigen – und zwar deutlich, damit die anderen es auch verstehen.

Verstanden werden ist wichtig!

Und Zeit.

Fünf Minuten, um einen Regenwurm zu betrachten.

Zehn Minuten, um die Ameise mit dem Finger zu verfolgen, die auf dem Baumstamm herumkrabbelt.

Dreißig Minuten, um Steine vom Rand des Gehsteigs zu sammeln. Sie nach ein paar Metern wieder zurückzulegen. Und sie dann vielleicht besser doch wieder zu holen.

Eine Minute, um den Stein in die richtige Tasche zu stecken.

Die Wolken und das Meer betrachten, endlos.

Schaukeln, für immer.

Tanzen, klettern.

Helfen. Dabei sein.

Singen, singen, singen.

In Mamas Arme rennen.

Wissen, dass da alles gut ist.

Wissen, wo zu Hause ist.

Wissen, was wichtig ist.

Küssen, den ganzen Tag. Geschwister, Papa, Mama, Oma, Opa, die Katze, Kuscheltiere, die Eisenbahn, Bilder in den Bilderbüchern.

Ein und dasselbe Bilderbuch kann am Tag zehn Mal gelesen werden.

Und immer wieder.

Immer wieder staunen.

Immer wieder lachen.

Ach, mein Schatz,
dein Herz ist größer als du selbst.
Und alles an dir ist so bunt!
Gut, dass du auf uns abfärbst.

Gott ist langsam und schnell

„Mama“, sagt mein Siebenjähriger, „warum bin ich nicht wie die anderen Kinder? Die anderen sind viel schneller und viel mutiger als ich. Ich bin immer der Letzte. Sogar Louis traut sich im Schwimmbad, vom Sprungturm zu hüpfen, obwohl er noch nicht mal schwimmen kann und zwei Jahre jünger ist als ich, und ich traue mich das nicht.“

Tränen stehen in den Augen meines Sohnes. Mein Herz ist schwer und gleichzeitig so voll von Verständnis und Liebe für ihn.

„Stell dir mal vor, alle Menschen wären genau gleich schnell, gleich stark und gleich mutig“, antworte ich. Fionn schaut mich an und ich sehe, dass er schon beginnt zu verstehen.

„Das wäre langweilig“, sagt er.

Ich nicke: „Aber noch viel wichtiger ist, mein Schatz: Wenn alle Menschen genau das Gleiche könnten, würden wahrscheinlich auch alle genau das Gleiche tun wollen! Dann gäbe es nur Super-Sportler und Astronauten auf dieser Welt!“

Er kichert.

„Es ist gut, dass es Menschen gibt, die vorsichtig sind. Solche Menschen erkennen viel schneller, wenn irgendwo etwas nicht in Ordnung ist, und können die anderen warnen! Oder sie können auf die kleinen Wunder aufmerksam machen, an denen die Schnellen meistens vorbeirennen. Weißt du noch, wie du neulich die Elefantenwolke entdeckt hast?"

„Ja", sagt Fionn eifrig, „keiner sonst hat in den Himmel geguckt!"

„Siehst du", bestätige ich ihn, „nur du hast das gesehen, weil du langsam und aufmerksam warst. Das ist etwas, was sich viele andere Menschen wünschen, aber du hast es schon. Vielleicht wirst du mal ein ganz berühmter Wolkenfotograf!"

„Und Louis wird Astronaut, weil er so mutig und sportlich ist."

„Ja, vielleicht. Schau mal, ich war auch nie mutig und schnell. Ich saß lieber zu Hause am Klavier."

„Und jetzt bist du von Beruf Musikerin," sagt mein Sohn und sieht schon viel fröhlicher aus.

„Genau! Was könnte denn jemand werden, der vielleicht nicht sehr gut mit Menschen sprechen kann, aber der sehr, sehr gerne Tiere mag?"

„Vielleicht ein Tierarzt oder Forscher!"

„Ja! Und jemand, der sehr stark ist?"

„Der könnte tolle Häuser bauen?"
„Und einer, der ganz viel nachdenkt und alles wissen will?"
„Der könnte Erfinder werden und die Welt retten!"
„Siehst du!", sage ich, „Ich bin sehr glücklich darüber, dass wir alle so unterschiedlich sind."
„Ja", sagt Fionn und springt auf, „so gibt es für jeden einen Platz!"
Ich beobachte, wie er seine Jacke anzieht und nach draußen geht, allein, versonnen, langsam. Er wird ganz bestimmt an keinem Wunder vorbeirennen.
„So gibt es für jeden einen Platz", hat er erkannt.
Das ist eine schöne Vorstellung.
Nach der jüdisch-christlichen Schöpfungsgeschichte wurden die Menschen „nach dem Ebenbild und Gleichnis Gottes" erschaffen (vgl. 1. Mose 1,26). Mir wird ein wenig schwindelig, als mein Verstand versucht zu begreifen, was das im Umkehrschluss bedeuten könnte: Wir alle mit unseren einzigartigen und vielfältigen Fähigkeiten, mit der uns ganz eigenen Art zu denken und zu fühlen, zu reden, zu handeln und zu sein, sind ein Abbild von Gott – was sagt das aus über seine Größe und Weite ...?
„Das heißt", würde mir Fionn antworten, „dass Gott langsam und schnell ist! Cool!"

Für mich mit meinem analytischen Verstand und meinem Drang nach Antworten ist das paradox, für meinen Sohn einfach nur cool!

Und wieder mal wünsche ich mir, etwas mehr wie meine Kinder zu sein: eine Sache nicht notwendigerweise für falsch oder richtig zu halten, sondern ihr einfach nur zu begegnen, vor dem Wunder stillzuhalten und zu staunen.

Guck mal!

Kennst du das? Manchmal kennt man sich selbst nicht so richtig.

„Das bin ich eigentlich nicht“, sagt man hinterher entschuldigend.

Ja, aber wer ist es denn dann? Kann es sein, dass wir es eben doch sind – auch das Unschöne, so gar nicht Nette?

Meine Kinder sagen immer: „Mama, guck mal!“, wenn sie zum ersten Mal freihändig Fahrrad fahren, wenn sie etwas Tolles gebaut haben, ein Bild gemalt haben, auf einem Bein stehen können, die Katze am Schwanz festgehalten haben, ein Glas Wasser verschüttet haben, sich das Knie aufgeschlagen oder Frisör gespielt haben mit dem kleinen Bruder, …

Sie wollen gesehen werden, sich verstanden und angenommen fühlen, sich verbunden wissen mit den Menschen um sie herum.

Das wird nicht weniger, wenn wir älter werden, nur schmerzhafter.

Denn wir wollen gesehen werden von Menschen, die nicht Mama und Papa sind, die uns in- und auswendig kennen, es gut mit uns meinen und die uns lieben, auch wenn wir die Katze am Schwanz ziehen oder das Essen auf dem neuen Tischtuch verteilt haben.

Jetzt sind es Fremde, denen wir uns zeigen und denen wir Macht über uns geben – Macht zu entscheiden, ob wir gut oder schlecht sind, schön oder hässlich, brillant, mittelmäßig oder komplett unnütz.

Das Doofe daran ist: Diese Leute wissen es nicht einmal! Sie sagen ein gedankenloses Wort oder sie sagen nicht, was wir so dringend hören wollten, und in uns zerbricht eine Welt. Und von da an wird es nur noch komplizierter, denn jetzt fangen wir an zu editieren, was wir von uns zeigen. Nicht nur auf Facebook und Instagram. Wir photoshoppen und filtern, was das Zeug hält, um allen und jedem in unserem Leben zu gefallen. Wir zeigen nur unsere Schokoladenseite, behalten unsere Verletzlichkeit und Angst für uns.

Wie aber, um alles in der Welt, können wir jetzt noch erwarten, wirklich gesehen zu werden – so, wie wir sind?

Und wie sehen wir uns selbst?

Und wer entscheidet überhaupt, was unsere „Schokoladenseite" ist und was versteckt werden muss?

Ich denke, es ist okay, dass wir uns manchmal nicht so richtig kennen.

„Das bin ich eigentlich nicht“, sagen wir, aber wer weiß – vielleicht sind wir es doch? Und das ist in Ordnung.

Halten wir uns offen für Überraschungen.

Sich selbst zu gut zu kennen kann uns in einen Rahmen pressen, in den wir vielleicht gar nicht sonderlich gut passen.

Vielleicht ist da ja noch mehr in uns und außerhalb von uns, das es zu entdecken gilt.

Sich gar nicht zu kennen kann jedoch sehr anstrengend sein – glaubt mir, ich weiß, wovon ich rede, ich habe einen Teenager zu Hause …

Aber es lässt uns weiter wachsen, Neues entdecken, es hält uns offen.

Und: Es zwingt uns dazu, in unserem Urteil anderen gegenüber etwas gnädiger zu sein und das Andere in anderen besser zu akzeptieren.

„Guck mal, Mama“, sagt mein Sohn, lässt den Schwanz der Katze los und klaubt etwas Kleines vom Boden auf, „jetzt hätte sie fast den giftigen Ameisenköder gefressen ...“

Spiegel

Ein Museumsbesuch mit Kindern. Mit diesem Satz verbinden unterschiedliche Menschen sicherlich die unterschiedlichsten Geschichten, Erfahrungen und Gefühle.

Bei uns ist letztes Jahr im Museum etwas passiert, an das ich nun immer denken muss, wenn wieder mal ein Museumsbesuch ansteht. Dino und ich waren mit den beiden Jungs, damals acht und sechs Jahre alt, in einer Kunstausstellung. Da Dino selbst malt, hatte er die Idee, beiden Kindern einen kleinen Notizblock sowie einen Bleistift mitzugeben, sodass sie vor Ort Dinge abzeichnen konnten, die ihnen gefallen.

So war unser Besuch in der Kunsthalle wirklich interessant, und beide Jungs waren sehr kreativ. Eine Mitarbeiterin des Aufsichtspersonals kam auf die Kinder zu und fragte interessiert nach, was sie da täten. Fionn erklärte ihr, was er gerade abzeichnete und was ihn daran so faszinierte. Die Mitarbeiterin setzte sich zu den Jungen, fragte nach, hörte zu.

Später wandte sie sich an uns Eltern und sagte: „Ich finde es immer wieder unglaublich, wie empfänglich Kinder für Kunst sind, was sie für spannende Ideen und Gedanken haben!

Wie toll, dass Sie Ihre Kinder mitgebracht haben, und dass die beiden etwas zum Zeichnen dabei haben!"

Im letzten Raum, den wir betraten, wollte Louis wieder etwas auf seinem Notizblock malen, als der Mann, der in diesem Raum die Aufsicht hatte, auf ihn zustürzte, ihm Bleistift und Papier aus den Händen riss und uns anzischte: „Das geht hier aber nicht! Was soll denn das?! Was, wenn das Kind hier auf die Wände malt oder gar auf die Bilder? Sie sind hier in einem Museum, nicht im Kindergarten!"

Wir verließen den Raum, mein kleiner Sohn an meiner Hand weinte.

Fionn sagte: „Wie komisch, dass im gleichen Museum eine uns toll findet, und einer uns rausschmeißt ..."

Das beschäftigte mich auch. Meine Kinder hatten sich genau gleich verhalten und wurden in einer Situation dafür gelobt, in der anderen dafür verurteilt. Darüber redete ich später im Museumscafé bei Kakao und Kuchen auch mit Louis, der noch sehr erschrocken und verletzt war, dass man ihn so ausgeschimpft hatte.

„Erinnerst du dich", fragte ich ihn, „wie sehr du Bienen liebst? Du lässt sie auf deinen Finger krabbeln und versuchst sogar, sie zu streicheln, wenn sie auf dem Lavendel im Garten sitzen. Deine Freundin Frida hat furchtbare Angst vor ihnen und rennt schreiend weg, wenn ihr eine zu nahe kommt."

Louis verstand: „Dabei können die Bienen gar nichts dafür! Die sind einfach nur Bienen!"

„Genau", bestätigte ich, „Menschen haben unterschiedliche Geschichten und Erfahrungen hinter sich. Und diese Geschichten und Erfahrungen bestimmen leider ganz oft, wie jemand die Welt sieht. Dieser Mann, der dich nicht malen lassen wollte, hat vielleicht schon einmal erlebt, dass Kinder sich nicht richtig verhalten oder sogar etwas kaputt gemacht haben hier im Museum. Daran hat er vielleicht gedacht, als er dich gesehen hat, obwohl er dich gar nicht kennt!"

„Frida ist aber noch nie von einer Biene gestochen worden", sagte Louis, „und hat trotzdem solche Angst vor ihnen."

„Weil sie weiß, dass sie stechen könnten", sagte ich. „Oft sind es nicht die Erfahrungen, die die Reaktion eines Menschen bestimmen, sondern seine Erwartungen. Wenn du in einen Spiegel schaust und lächelst", sagte ich zu Louis, „was macht dann dein Spiegelbild?" – „Es lächelt", antwortete er.

„Und wenn du ein böses Gesicht machst?"

„Dann macht mein Spiegel ein böses Gesicht zurück."

„Siehst du", erkläre ich, „so ist es auch mit unseren Erwartungen. Wenn wir Angst haben, sehen wir – wie in einem Spiegel – viel mehr das auf der Welt, was uns Angst macht. Und wenn wir sauer sind, finden wir in unserem Alltag auch immer mehr Dinge, die uns sauer machen!"

Wir projizieren unser Inneres auf die Außenwelt und sehen in ihr das Entsprechende. Unsere Erwartungen, Werte, Vorurteile und Einstellungen spiegeln sich im Außen so wider, wie wir sie in uns finden.

Dieser Gedanke kann einen ganz schön herunterziehen. Es gibt aber noch einen anderen Gedanken, den man diesem entgegensetzen könnte: Ich glaube nämlich daran, dass wir alle Gottes Spiegel sind. In der biblischen Schöpfungsgeschichte steht ja der berühmte Satz: „Gott schuf den Menschen als sein Abbild, ja, als Gottes Ebenbild" (1. Mose 1,27).

Das finde ich unglaublich faszinierend: Gott projiziert sein Wesen auf uns! Seine Größe, Güte, Liebe, seine Tiefe und Weite, seine Gerechtigkeit. Er ist fähig, all das in jedem von uns zu sehen, auch im schlechtgelauntesten Zeitgenossen, der kleine Kinder im Museum zum Weinen bringt.

Das, was uns runterzieht, unsere eigenen Ansprüche oder Erwartungen, muss nicht zwingend das sein, was Gott in uns sieht. Wenn er uns anschaut, kann er das in uns sehen, was ihm ähnlich ist.

Daran möchte ich denken, wenn ich mich selbst und andere anschaue.

Dieses Spiegelbild möchte ich gern sein.

Und dieses Spiegelbild möchte ich auch in der Welt sehen.

„Naja", meint Louis, „vielleicht müssen manche Leute ihre Spiegel mal wieder putzen. Dann ist vielleicht gar nicht alles so böse, wie sie meinen.
Der Museumsmann hätte es auch mal wieder nötig."

Er kichert, steckt ein Stück Kuchen in seinen Mund und fügt hinzu: „Ich bin ihm jetzt gar nicht mehr so böse. Der hat ja nicht mich gesehen, sondern sich selbst. Der kann ja gar nichts für seinen schmutzigen Spiegel."

Und ich sehe meinen kleinen Sohn an und sein großes Herz, seine Fähigkeit zu vergeben, und bin unendlich dankbar für dieses wunderbare Spiegelbild Gottes.

Abgenommen? Wahrgenommen!

Fionn umarmt seinen Vater, der wieder mal ein paar Wochen lang unterwegs gewesen war, und sagt: „Daddy, du hast abgenommen! Meine Arme können um dich herumgreifen!"

Mein Mann lacht: „Nein, mein Schatz, du bist gewachsen!"

Es rührt mich, dass mein Sohn in einer Welt, wo Egoismus großgeschrieben wird und wo Menschen immer erst mal das Schlechte vom anderen vermuten, genau das Gegenteil gemacht hat: Er hat sein Gegenüber wahrgenommen – und hat Gutes von ihm gedacht!

Seine Wahrnehmung ging über sich selbst hinaus.

Wie schön, wenn Menschen so leben:
Wenn sie den anderen im Blick haben und ihm das Gute unterstellen.

Bohne und Bohnenstange

Louis und seine Klasse pflanzen dieses Jahr Bohnen. Was für eine schöne Idee! Zuerst in kleinen Töpfen gezogen, werden die Pflänzchen nach einiger Zeit nach draußen gesetzt.

„Wir brauchen gaaaaanz lange Stangen! Unsere Bohnen werden riesig", berichtet Louis eines Tages aufgeregt. „Die sind schon größer als wir! Aber die müssen sich an etwas festhalten!"

Während wir uns auf die Suche nach Bohnenstangen begeben, fällt mir ein, was mir mein Schwiegervater vor vielen Jahren einmal über Beziehungen gesagt hat:

Wir sind wie Bohnen und Bohnenstangen.

Um zu wachsen, müssen wir uns aneinander festhalten.

Und manchmal sind wir die Bohne, und manchmal sind wir die Stange.

Wie recht er damit hatte, wurde mir erst nach Jahren klar. Viele Beziehungen scheitern, weil die Partner

„auseinandergewachsen" sind. Und das passiert leider immer wieder. Menschen entwickeln sich nun mal unterschiedlich schnell, und ihre persönlichen Wachstumsphasen sind zudem unterschiedlich verteilt. Einer bleibt vielleicht lange stehen, der andere schießt nach oben.

Mir ist deshalb sehr wichtig geworden, dass das Wachsen nicht allein geschieht. Dass man nicht irgendwohin wächst und den anderen dabei aus dem Blick verliert. Natürlich kann man nicht immer alle Erfahrungen gemeinsam machen, aber man kann sie teilen. Das ist das Festhalten an der Bohnenstange.

Gleiches gilt für mich in der Beziehung zu meinen Kindern, vor allem zu meinen älteren Kindern. Hier ist es ein wenig eindeutiger, wer die Bohne und wer die Stange ist. Aber auch bei ihnen finde ich es wichtig, immer aneinander dran zu bleiben. Natürlich nicht verkrampft – denn in einer Beziehung mit einem Teenager muss man langsam auch auseinanderwachsen, und das Vertrauen spielt bald eine größere Rolle als das Festhalten –, aber wo eine Stange steht, kann eine Bohne sich immer wieder mal drum herum winden. Und das ist gut so.

Manchmal bin ich die Bohne, manchmal die Stange. Manchmal brauche ich etwas Festes, um das ich mich ranken kann, manchmal bin ich

diejenige, an der sich jemand festhält. Und beides ist gut.

Im Spätherbst kommt Louis nach Hause und bringt, in Papier eingewickelt, drei Bohnen mit. „Die sind aus unseren Riesenbohnen gewachsen“, sagt er. „So riesige Pflanzen wachsen aus diesen kleinen Mini-Bohnen. Und die haben dann wieder Bohnen, und so geht es immer weiter!“

„Ja“, sage ich, „ein ganz schönes Wunder! Und es geht immer weiter!“

Loslassen und festhalten

Irgendwann haben wir festgestellt, dass du samstagmorgens gar nicht mehr in unser Bett kommst.

Irgendwann fiel uns auf, dass du beim Überqueren der Straße nicht mehr unsere Hand suchst.

Du brauchst auch schon lange kein Lätzchen mehr beim Essen, und der Trip-Trap-Stuhl muss mal wieder verstellt werden.

Irgendwann konnte dein Bruder plötzlich lesen und wollte seine Gutenachtgeschichte nicht mehr nur von uns hören.

Irgendwann war das letzte Mal, dass deine Schwester nachts nach uns rief, weil sie einen bösen Traum gehabt hatte.

Wir können uns nicht mehr erinnern, wann es genau aufgehört hat. Es war ein schleichender Prozess, es wurde langsam immer weniger oder seltener und hörte dann einfach auf – leise, still, ohne Trompeten und Fanfaren.

Anderes begann.

Aber dieses hörte auf:

Das „Bindest du mir die Schuhe zu?“, und das „Ich komm an das Regal nicht dran“.

Das Gefühl kleiner Hände um meinen Nacken, das beste Gefühl der Welt.

Die Hände sind jetzt alle größer, halten kürzer. Kleben weniger.

Ich freue mich auf alles, was kommt. Aber ich sammle alles, was noch ist, atme manchmal bewusst auf, wenn ich feststelle, da ist noch einer dieser Momente. Es gibt sie noch.

Du bist der Jüngste. Du wirst als Letzter loslassen.

Ich aber verspreche dir, dich zu halten, jedes Mal, als wäre es das erste Mal und das letzte Mal.

Und dich loszulassen, dieses eine Mal, wenn es kommt, so als wäre es ein Festhalten.

Bei mir zu Hause

Das Kaffeemühlen-phänomen

Neulich morgens ist mir etwas sehr Seltenes passiert: Noch vor dem ersten Kaffee hatte ich eine „Erleuchtung". Sie hatte auch direkt etwas mit Kaffee zu tun, genau genommen mit meiner geliebten kleinen Kaffeemühle. Vielleicht hast auch du so eine und kennst das Phänomen: Man schüttet eine kleine Menge ganzer Kaffeebohnen oben rein, Deckel drauf, Knopf drücken, der Kaffee wird blitzschnell mit messerscharfen Klingen gemahlen, und zack – hat man frisches Kaffeepulver.

Bei dieser Kaffeemahl-Prozedur ist mir dann neulich aufgefallen, dass ich den Knopf an der Mühle immer so fest drücke, als müsste ich mit meiner eigenen Kraft jede einzelne Bohne zu Pulver mahlen. Als täte das nicht die Mühle für mich.

Das gleiche Phänomen begegnet mir auch manchmal auf sehr großen Bühnen: Da denke ich, ich müsste furchtbar laut singen, um auch noch beim hintersten Konzertbesucher in der letzten Reihe gehört zu werden, weil ich vergesse, dass das Mikrofon und der Tontechniker diesen Job schon ganz gut für mich erledigen.

So ist das in meinem Leben öfter: Ich strenge mich wahnsinnig an, um etwas zu erreichen, was auch ohne das Zutun meiner Kraft ganz gut funktioniert.

Und das war meine Prä-Kaffee-Erleuchtung: **Manchmal reicht auch weniger Druck, um dasselbe Ergebnis zu erreichen. Mit ein bisschen mehr Vertrauen in das Leben lässt sich so mancher Kaffee leichter mahlen.**

Schon Kurt Tucholsky wusste: „Dies ist, glaube ich, die Fundamentalregel alles Seins: ‚Das Leben ist gar nicht so. Es ist ganz anders.'"

Die Sprache Gottes

Eben habe ich mich inmitten eines hektischen Tages in unser Schlafzimmer unterm Dach zurückgezogen, um mich etwas zu sammeln und still zu werden. Aber meine Gedanken wollten und wollten nicht zur Ruhe kommen.

Ich hörte die Kinder unten im Haus lachen und reden, dachte über dieses und jenes nach, was anstand, gemacht werden musste und für nächste Woche geplant war; dachte an das Abendessen, die Einkaufsliste, einen Freund, dem es nicht gut ging, ...

Es wollte einfach keine Ruhe einkehren. Ich betete: „Mach mich still und rede du". In diesem Moment begann mein Sohn unten Klavier zu spielen. Ich grinste mit geschlossenen Augen.

„Dieses Reden verstehe ich nicht", dachte ich und fand mich witzig.

„Schade", sagte Gott da.

Ich erschrak und schämte mich ein bisschen.

„'tschuldigung", sagte ich, und überließ mich der Musik. Es stimmte ja, natürlich war das eine Sprache, und natürlich verstand ich sie.

„Warum hast du immer so festgefahrene Erwartungen?" fragte Gott. „Du erwartest, dass ich sie erfülle, dass ich mit deiner Sprache antworte. Wahrscheinlich hast du sogar schon bestimmte Erwartungen davon, was ich sagen soll."

„Ähm, ... ehrlich gesagt ...", begann ich, aber Gott unterbrach mich: „Schon klar. Deswegen klappt's auch nicht mit deiner Ruhe. Du kannst nicht loslassen. Du willst die Kontrolle behalten."

„Ach so", sagte ich.

„Mhm", antwortete Gott.

Das Klavier spielte weiter.

Ich fühlte mit. Ließ los.

„Ich spreche viele Sprachen", sagte Gott, „dein Job ist es, sie zu lernen. Ich rede dauernd mit dir! Durch die Sprache des Sonnenuntergangs. Des Windes. Des Bildes, das du gestern so lange im Museum betrachtet hast. Durch die Sprache der Tiere und der Kinder. Die Sprache des Gefühls in dir, wenn du abends ins Bett gehst und dich mit der ganzen Welt verbunden fühlst. Die Sprache deiner Schritte auf dem Waldweg. Die Sprache des Lachens. Und der Tränen. Die Sprache des Mitgefühls, die Sprache des Lichts. Ich rede mit dir durch die Sprache deiner Freude, des Genusses. Die Sprache des warmen Brotteigs unter deinen Fingern, die Sprache des kalten Wassers auf deiner Haut. Die Sprache der Äpfel und

Radieschen. Und manchmal auch durch die Sprache, die du am besten verstehst."

„Welche ist das?", wollte ich schon fragen, aber in dem Moment rief es von unten:

„Maaaama!!!! Mama, kannst du mal kommen?"

„Ich verstehe", sagte ich zu Gott. „Danke."

Dann stand ich auf.

Hausarbeit und Seelenarbeit

Bitte lach mich nicht aus. Aber heute Morgen hatte ich einen spirituellen Durchbruch beim … ähm … Hausputz.

Achtsamkeit ist ja inzwischen ein großes Ding geworden, aber wir alle wissen: Es ist nicht immer leicht, achtsam zu sein, vor allem wenn wir echte Probleme haben, wenn echtes Leid in und um uns ist, wenn man sich fühlt, als sei nichts wirklich sicher oder fair.

Manchmal frage ich mich, wie das gelingen soll, dass man sich tatsächlich nur auf diesen einen Moment konzentriert, in dem man sich gerade befindet – und wie die Transformation aussieht, die dann stattfinden soll.

Heute Morgen habe ich etwas davon gespürt. Beim Hausputz. Es war ein riesiger Spaß! Ich konnte es zuerst gar nicht glauben, aber als ich in der Frühe mit der Arbeit begann (und sie war wirklich nötig!), gelang es mir irgendwie, mir mehr und mehr dessen bewusst zu werden, was ich da gerade tatsächlich tat:

Mir wurde klar, dass ich etwas veränderte. Dass ich etwas Schmutziges nahm und es in etwas Sauberes verwandelte. Dass etwas buchstäblich wieder reingewaschen wurde.

Schon komisch, aber plötzlich wurde meine Hausarbeit zu einem transzendenten Verwandlungsprozess.

Und beim Bodenschrubben überfiel mich eine tiefe Dankbarkeit: für dieses Haus, in dem wir leben, für meine drei Kinder, die friedlich spielten, während ich arbeitete; für die Fähigkeit, meine Hände, Arme und Beine zu gebrauchen, für meine Augen und Ohren. Dafür, dass ich die Fähigkeit hatte, die schöne Farbe des Holzbodens zu sehen, auf den das Sonnenlicht fiel an diesem Samstagmorgen. Für fließend Wasser. Für die Heizung. Für Seife. Dafür, dass ich von wunderschönen Dingen umgeben war. Für den Frischegeruch. Für die Küche. Dafür, dass ich alles in diesem Haus arrangieren und dekorieren darf, wie es mir gefällt. Für die Fähigkeit, Dinge schön zu machen. Und sie schön zu erhalten.

„Beauty is meaning" (zu Deutsch: „Schönheit ist Bedeutung"), schreibt die amerikanische Autorin Anne Lamott in ihrem Buch „Stitches", und ich fühlte zutiefst, was sie damit meinte.

An diesem Morgen begann ich, nicht nur die Kunst, die ich mache, die Songs, die ich schreibe, die Dinge, die ich editiere und der Welt nur zeige, wenn ich denke: „so soll es sein oder aussehen oder klingen", als „schön" zu empfinden, sondern auch dieses Zimmer, in dem ich stand, während es immer sauberer wurde.

Ich sah die Schönheit der Bedeutung, die die Dinge, die ich da putzte, für unsere Familie und unser Leben haben!

Toiletten zu schrubben war mein Gottesdienst heute Morgen.

Staubsaugen mein Gebet.

Abstauben und Geschirrwaschen fühlte sich an wie Musikmachen.

Und als ich fertig war, fiel mir noch etwas anderes auf: Mich um diese Dinge zu kümmern, verband mich auf eine ganz neue Art mit ihnen. Ich glaube, ich habe dieses Haus und alles darin noch nie so wertgeschätzt wie an diesem Morgen. Ich fühlte mich als Teil davon.

Das alles konnte offenbar nur passieren, weil ich „im Moment" war. Gleichzeitig schaffte es meine Achtsamkeit auch, mich in dem Moment zu halten.

Gut, ich weiß, nicht immer wird der Hausputz mir von nun an einen riesigen Spaß machen. Sicher wird es Phasen oder Tage geben, in denen ich alles wieder etwas negativer sehe.

Ich weiß, ich lebe mein Leben in spiralförmigen Kreisen,
bin immer in Bewegung,
gehe voran und komme zurück zum Anfang,
und doch werden die Kreise
tiefer und tiefer.
Richtung Erdung.
Auf heiligem Boden.

Etwas an diesem Hausputz hat sich in meiner Seele verankert. Ich möchte nicht behaupten, dass meine Freude beim Wäschewaschen für jemanden oder etwas eine tiefere Bedeutung hat. Aber schon Mutter Teresa hat gesagt, dass wir nicht alle Großes tun können, wohl aber Kleines mit großer Liebe.

Das war es, was ich heute Morgen erlebt habe. Und dafür bin ich dankbar.

Und nebenbei: Das Haus sieht jetzt großartig aus!

Klamottenglaube

Mein Kleiderschrank beinhaltet drei Kategorien von Klamotten. Die einen sind „Basics" und liegen hübsch zusammengefaltet im Schrank. Ich hole sie raus, wenn mir nichts Besseres einfällt, oder wenn ich weiß, dass ich heute nicht aus dem Haus gehen werde. Oder ich etwas zum Darunterziehen brauche. Oder aber, wenn mir einfach mal wieder danach ist.

Der schwarze Rollkragenpulli, das weiße T-Shirt, das blaue Tank-Top – immer und jederzeit greifbar.

Dann gibt es die Klamotten, die so besonders sind, dass sie auf dem Bügel hängen und in meinem kleinen, offenen Kleiderschrank ausgestellt werden. Die Gelegenheiten, bei denen ich sie trage, kann man an einer Hand abzählen. Aber sie sehen sehr hübsch aus: das schwarze, lange Kleid, das Shirt mit den Pailletten, die super fein bestickte Bluse.

Und dann gibt es die Klamotten, die ich trage. Die mir stehen, mich wirklich „kleiden". Die, in denen ich mich wohl fühle. Jeans, die gut passen, Pullis, die ich gleichzeitig hip und kleidsam finde, Socken, die gemütlich sind und keine Löcher haben, Hemden, die sich gut auf meiner Haut anfühlen und deren Farbe zu meinen Haaren passt.

Als ich heute Nachmittag die frisch gewaschene und ordentlich gefaltete Wäsche in den Schrank legte, fiel mir auf, dass meine Klamotten ein bisschen sind wie mein Glaube:

Es gibt die Basics, über die ich mir nicht mehr viele Gedanken mache. Sie sind eben da, manchmal hole ich sie aus dem Schrank. Meistens zum Darunterziehen.

Es gibt auch den auf den Bügel gehängten Glauben, ein Ausstellungsstück, sehr hübsch anzusehen, aber die Situationen, in denen er wirklich etwas bewirkt und benutzt wird, sind rar.

Und dann gibt es den Glauben, der getragen wird. Der mich umhüllt und mir passt. Ohne den ich nicht aus dem Haus gehe, weil ich sonst nackt wäre. Dieser Glaube steht mir, fühlt sich gut an und sieht gut aus. Er wird benutzt und erfüllt seinen Job (wenn ich das mal so plump ausdrücken darf).

Die mittelalterliche Mystikerin Juliana von Norwich fühlte wohl ähnlich, als sie über Gott schrieb:
„Er ist unsere Kleidung. Er umgibt und umhüllt uns." Diesen Glauben will ich haben. In diesen Glauben will ich mich hüllen, will mich darin wohlfühlen, er soll zu mir gehören wie mein Lieblingspulli.

Und wie es auch mit den Lieblingsklamotten manchmal ist: Sie wachsen mit. Sie dürfen an den Nähten aufgetrennt und wieder zusammengenommen werden – weil man sie so sehr liebt, macht man sich auch die Mühe, eventuelle Risse zu flicken.

Ich stecke meine Nase in den nach Weichspüler duftenden Lieblingspulli, den ich eben gefaltet habe, und beschließe, ihn gar nicht erst in den Schrank zu legen, sondern direkt anzuziehen.

Heiliger Boden

Manchmal hetze ich durch meine Tage, arbeite die To-do-Liste ab, koche, wasche, putze, versorge Kinder, erfülle Erwartungen, nehme Termine wahr, telefoniere, maile, laufe Treppen auf und ab, und falle abends müde ins Bett mit der brennenden Frage auf dem Herzen: Wo bin ich heute eigentlich Gott begegnet? Ich war zwar die ganze Zeit beschäftigt, aber es bewegte sich alles an der Oberfläche. Wann war mir heute bewusst, dass es noch mehr gibt als das, was ich gerade tue?

Dieses Gefühl teilen viele meiner Freundinnen. Das hat mich dazu bewegt, etwas mehr darüber nachzudenken, denn das kann ja nicht alles sein! Es kann nicht sein, dass wir als Christen durch unsere Tage rennen und uns leer fühlen. Nein, ich will mehr! Ich will aus der Tiefe leben, im Moment sein. Dafür erscheint mir mein Alltag aber oft zu banal.

Und genau hierin liegt der Fehler, wie ich neulich herausgefunden habe: Es war ein Tag wie viele andere, als ich plötzlich nach dem Lebensmittel-ins-Haus-Schleppen beim Händewaschen an eine Bibelgeschichte denken musste, die ich vermutlich seit Kindertagen nicht mehr gelesen hatte.

Ich konnte mich nicht mehr genau erinnern, aber ich hatte ein Gefühl, was mir diese Geschichte sagen sollte, und ich bekam eine Gänsehaut.

Während der Einkaufskorb noch im Flur stand, googelte ich die Geschichte rasch nach:

In der Bibel lesen wir, wie Jakob nach Haran reist und wie ihm im Traum Gott begegnet, der ihm seinen Segen zusagt. Jakob erwacht von diesem Traum und sagt: **„Fürwahr, der Herr ist an diesem Ort, und ich wusste es nicht. Wie heilig ist diese Stätte! Hier ist nichts anderes als Gottes Haus, und hier ist die Pforte des Himmels“** (1. Mose 28,16–17; Lutherbibel).

Meine Gänsehaut kam zurück.

Mein Badezimmer, ein heiliger Ort?

Ich, beim Händewaschen, an der Pforte zum Himmel?

Ich begriff, dass ich die Armut meines Alltags, seine ganze Banalität nicht wegschaffen, wegdenken, wegarbeiten oder wegwünschen musste, sondern dass ich in ihr, nicht trotz ihr, nach Wundern suchen sollte. **Ja, dass die Armut, die Banalität selbst die Nahtstelle ist: die Gelegenheit zum Gebet, der Augenblick der Gegenwart, ein besonderer Ort, Gottes Haus.**

Menschen, die sich mit Kontemplation beschäftigen, wissen das. Sie wissen, dass der erste Schritt ist, die Wirklichkeit anzunehmen, wie sie ist und sie als ein einziges großes Gleichnis zu sehen, mit dem Gott sich uns offenbart.

„Jeder Ort ist heiliger Boden", schreibt auch David Steindl-Rast, „denn jeder Ort kann Stätte der Begegnung werden, der Begegnung mit göttlicher Gegenwart.

Sobald wir die Schuhe des Daran-Gewöhntseins ausziehen und zum Leben erwachen, erkennen wir:

Wenn nicht hier, wo sonst?

Wann, wenn nicht jetzt?

Jetzt, hier oder nie, stehen wir vor der letzten Wirklichkeit."

Wurzeln

Wir wohnten einige Jahre lang in einem kleinen Haus in Kalifornien mit einem wunderschönen Hinterhof, der mit kleinen Pflastersteinen gepflastert war. In der Mitte wuchs ein Orangenbaum, um den rings herum ein kleiner Mini-Garten angelegt war mit Blumen und Kräutern.

Die Krone des Baumes war allerdings schon breiter als dieser kleine Garten, der seinen Stamm umrundete. Und dementsprechend waren auch seine Wurzeln größer: Sie hoben ringsum die Pflastersteine an, die damit zu Stolperfallen wurden.

Wir haben diesen Hof und diesen Baum geliebt.

Aber am schönsten fand ich die Wurzeln.

Durch die gelockerten Pflastersteine wurde uns täglich vor Augen geführt, dass die Wurzeln eines Baumes größer, breiter und stärker sind als seine Krone. Und das müssen sie auch sein, denn nur so können sie dem Baum Halt geben und ihn versorgen! Das ist natürlich längst kein Geheimnis mehr, wurde darüber doch schon viel geschrieben und philosophiert, aber ich fand es wunderbar, täglich daran erinnert zu werden – weil wir es eben doch immer wieder und viel zu oft aus den Augen verlieren.

Was tun wir nicht alles, um gut auszusehen, gut dazustehen? Wir putzen uns heraus und schmücken uns und unser Leben! Das geht so lange gut, bis der Sturm an unseren Zweigen rüttelt – dann erst zeigt sich, wie tief unsere Wurzeln reichen.

Ich habe einmal gelesen, dass die Wurzeln eines Laubbaumes, würde man sie alle zu einem Strang verbinden, eine Strecke von mehreren Hundert Kilometern ergeben.

Das. ist. viel.

Wer ein paar Hundert Kilometer an Wurzeln hat, kann Dinge erreichen, an die Flachwurzler niemals herankommen. **Es lohnt sich also durchaus, gut darüber nachzudenken, wo man sich verwurzelt und wie viel Pflege man seinen Wurzeln zukommen lässt.**

Übrigens: Alle Bäume im Wald, auch die verschiedensten Arten, sind durch Mykorhizenpilze miteinander verbunden. Dadurch helfen sie sich gegenseitig, und kleine Bäume, die zum Beispiel nicht genügend Licht abbekommen, werden von den großen mit den nötigen Nährstoffen versorgt.

Schön zu wissen, dass die Wurzeln der anderen auch uns in harten Zeiten mittragen können!

Zu Hause

Es ist Sonntag. Ich sitze hier am Frühstückstisch, die Kinder sind schon längst fertig und spielen oben in ihren Zimmern. Alle noch im Schlafanzug. Wir gönnen uns heute einen gemütlichen Tag. Ich schreibe in mein Tagebuch, eine dampfende Tasse Kaffee steht vor mir. Ich merke, wie ein wohliges Gefühl mich durchströmt.

Ich fühle mich zu Hause.

Ich habe keine Angst. Ich bin geborgen.

Eine Kerze brennt, draußen scheint die kalte Januarsonne auf die vereisten Sträucher. Es riecht nach Brot, Holz, Lachs, den Louis zum Sonntagsfrühstück verschlungen hat, es riecht nach zu Hause.

Was ist zu Hause? frage ich mich. Alles, was vertraut ist: das Klavier, der graue Teppich vor dem Sofa, das Rattern der Kaffeemaschine, die Handgriffe in der Küche, das Besteck in den Schubladen. Aber es muss nicht nur schön sein, das Vertraute, nicht nur angenehme Geräusche oder angenehme Gerüche. Die ewig knarzende Treppenstufe ist auch zu Hause. Oben spielt Fionn mit einem lauten, nervigen Spielzeug – das gehört genauso dazu.

Zu Hause ist der Platz, an dem es uns leichtfällt, mit unserem dualistischen Denken und Fühlen aufzuhören; der Platz, an dem es uns am besten gelingt, die misslungenen, in unseren Augen „schlechten" Dinge zu akzeptieren, zu integrieren.

Die schlechte Note in der Mathearbeit, das verbrannte Essen, die verschmutzte Tapete, die Schüssel mit Sprung, das von der Katze malträtierte Tischbein.

„Das gehört dazu", sagen wir.

Im täglichen Leben draußen, ungeschützt, sagen wir das seltener über negative Erfahrungen. Aber zu Hause ist nun mal ein geschützter Raum, in dem wir uns aufgehoben fühlen.

Ein Mini-Universum.

Ich frage mich, ob es möglich wäre, „zu Hause" auszudehnen. Auf unsere Nachbarschaft, unser Viertel, unsere Stadt, unser Land, unsere Welt.

Ob es uns gelingen könnte, uns sicher und geborgen zu fühlen auf dieser Erde, weil wir hier zu Hause sind, hierher gehören und uns verbunden wissen mit all unseren Geschwistern, Müttern, Vätern und Kindern aus all den Nationen.

Was würde sich ändern, wenn wir überall auf dieser großen Welt sagen könnten: „es gehört dazu", und Dinge, die anders gelaufen sind, als wir geplant hatten, akzeptierten? Und Fehler, die wir oder andere gemacht haben, nicht verurteilten? Und Menschen, die anders denken als wir, nicht bewerteten, weil sie – wie wir – hier zu Hause sind, in diesem geschützten Raum unserer kleinen großen Welt, unseres Zuhauses?

„Himmel" leitet die deutsche Sprache von dem alten Wort „Heime", „Heimat" ab.

Weiter gedacht: Heimat ist da, wo wir den Himmel hinbringen.

Die ganze Welt kann unser „Zuhause" sein, wenn wir sie zu einem Stück Himmel machen.

Wie gross muss dein Herz sein

Gott, wie groß muss dein Herz sein!

Meines platzt beinahe vor Glück, die nackten Füße meines Sohnes über die Wiese rennen zu sehen.

Sein blondes Haar im Wind, wippend und leuchtend im Gegenlicht der Sonne.

Und dann wird mir klar: Es ist deine Sonne!

Deine blumenübersäte Wiese, über die seine Füße rennen.

Deines Kindes Kind.

Und dein Kind, dessen Herz beinahe überquillt!

Wie groß muss dasjenige sein, das all dies in sich hält.

Unterwegs

Über den kleinen, grossen Unterschied, den wir machen

Nach einigen Jahren in Kalifornien ist unsere Familie nun wieder in Deutschland. Wochen des Packens, Reisens, Wartens auf den Container, Auspackens, Einlebens, Anmeldens und Eingewöhnens liegen hinter uns, und wir haben inzwischen wieder eine Routine gefunden.

Mein Mann Dino ist immer wieder wochenlang auf Tour, umso mehr bin ich auf die Mithilfe von Freunden angewiesen. Diese Freunde sind einmalig! Nicht nur, dass sie uns das Haus, in dem wir derzeit wohnen, während der wenigen Wochen, die zwischen unserer Entscheidung, Amerika zu verlassen, und unserem Einzug in die neuen vier Wände lagen, soweit auf Vordermann gebracht haben, dass wir in das obere Stockwerk einziehen konnten, während unten noch renoviert wurde; nicht nur, dass wir stapelweise Kinderklamotten von ihnen bekommen haben (vor allem für den Winter, denn dafür waren wir Kalifornier recht kläglich ausgerüstet); nicht nur, dass man uns immer wieder Hilfe anbot, Brot, Salz und alte Dreiräder schenkte oder uns einlud – nein, diese Freunde sind auch da, wenn mir die Decke auf den Kopf fällt, weil ich 24 Stunden täglich wochenlang am Stück die alleinige Verantwortung für unsere Familie trage, während ich gleichzeitig versuche, Platten zu produzieren oder Songs zu schreiben.

Und dann gibt es noch die anderen Menschen, die nicht meine Freunde sind, die mir aber genauso viel geholfen haben ...

Letzte Woche fuhr ich mit vollen Einkaufstaschen im Kofferraum nach Hause, folgte der Straße über die grünen Felder im Sonnenschein, und hing so meinen Gedanken nach.

Ich betete im Stillen, war dankbar dafür, wieder in Deutschland zu sein, mich so aufgehoben und angenommen zu fühlen von so vielen Menschen, und da tauchten vor meinem geistigen Auge auch einige mir doch ziemlich fremde Menschen auf, die mir in den letzten Wochen geholfen haben, und mehr noch: die mich glücklich gemacht haben, ohne es zu wissen!

Jonnas Grundschullehrerin, die sie so wunderbar aufgenommen hatte, und auch immer ein offenes Ohr für mich hat.

Der Mann von der Post, der mir die schweren Pakete, die er angeliefert hatte, bis ins Haus trug.

Eine Bekannte, die ich seit Jahren nicht gesehen habe, aber die mir über ihre Agentur einen tollen Job verschafft hat, nachdem sie über Dritte erfahren hatte, dass wir wieder in Deutschland sind.

Louis' Tagesmutter, die einfach eine Seele von Mensch ist, und die er innerhalb von wenigen Tagen fest in sein kleines Herz geschlossen hat.

Alle Erzieherinnen im Kindergarten, die Fionn so herzlich aufgenommen und ihm geholfen haben, in Deutschland und im Kindergarten anzukommen.

Die Kinderärztin, die mir während Fionns Lungenentzündung so viel Kraft gegeben hat.

Während mir diese Menschen so durch den Kopf schwirrten, musste ich unweigerlich denken: „Eigentlich machen sie alle nur ihren Job. Ich habe mit ihnen zu tun, weil sie ihren Beruf ausüben, aber den machen sie offensichtlich so gut, dass es für mich einen Unterschied macht. Dass es mein Leben oder das meiner Kinder erleichtert oder bereichert."

Vielleicht wissen diese Menschen nicht einmal, dass ihre Arbeit das Leben anderer glücklicher macht. Vielleicht denkt der Postbote am Abend nur an die hundertfünfzig Pakete, die er schleppen musste, und ist sich gar nicht darüber bewusst, wie dankbar ich ihm war, dass er meine geschleppt hat.

Vielleicht ist die Grundschullehrerin, die Erzieherin, die Tagesmutter, total erschöpft und zählt die Tage bis zu den nächsten Ferien, oder hat an einem privaten Problem zu knabbern und weiß gar nicht, wie positiv sie mein Leben oder das meiner Kinder berührt hat.

Vielleicht gehen wir alle abends ins Bett, erschöpft vom Tag, von den täglichen Sorgen, von all den Kleinigkeiten, die so groß werden können, und uns fällt nicht einmal auf, dass wir heute, genau wie gestern, vorgestern und letzte Woche, für irgendjemanden etwas ganz Besonderes waren. Das kann die Kassiererin bei ALDI sein, der wir ein Kompliment für ihre tolle Brille gemacht haben, oder unser eigenes Kind, mit dem wir Seifenblasen gepustet haben, der Patient, der Schüler, der Chef, die Mandantin, ...

Wir alle sind doch tagtäglich in Berührung mit anderen Menschen und berühren ihr Leben. Trinken wir doch heute Abend mal ein Glas Wein auf die, die uns unwissend durch unsere Tage helfen, und auf uns selbst, die wir dasselbe, ebenfalls unwissend, für andere tun. Und auf die verrückte, tolle, große Welt, in der wir uns heute über den Weg gelaufen sind.

Genug

Neulich auf dem Geburtstag einer Freundin verwandelte sich ein Small Talk plötzlich in ein sehr offenes Gespräch, bei dem wir einander sehr ehrlich von unseren Schwächen, Mängeln und Unzulänglichkeiten erzählten.

Es berührte mich unheimlich zu sehen, wie offen alle sein konnten – und noch mehr, wie ähnlich wir uns waren. Es stellte sich heraus, dass wir alle mit den gleichen Themen kämpften, die sich alle unter einem Überbegriff zusammenfassen ließen: Perfektionismus!

Viele Frauen berichteten davon, wie oft sie Dinge tun, weil sie denken, es werde von ihnen erwartet. Wie sie weit über ihre Kräfte hinaus mit etwas weitermachen, weil sie sich fragen: „Was sollen die Leute von mir denken, wenn ich dieses und jenes einfach nicht mehr mache?" Wie oft sie Ja statt Nein sagen, nicht aus Überzeugung, sondern aus Angst, sonst zu enttäuschen. Und wie oft sie etwas nicht sagen, etwas nicht tun, etwas nicht wagen aus derselben Angst heraus – oder aber aus der genauso großen Angst zu versagen.

Dabei ist Perfektionismus eine große Lüge.
Wir glauben, das Leben wäre besser, wären wir nur perfekter. Und übersehen dabei, dass Perfektion schlicht und ergreifend nicht existiert. Sie ist ein nicht zu erreichendes Ziel. In diesem Leben wird uns immer etwas fehlen.

Frag die erfolgreiche Karrierefrau, die alles erreicht hat, aber innerlich zerrissen ist, weil sie eigentlich Kinder wollte. Frag die fünffache Mutter, die ein Haus voller Leben und Lachen hat, aber zu wenig Zeit, um ihre eigenen im Innern verborgenen Pläne zu verwirklichen. Und frag mich, die aus der Ferne so wirkt, als sei es ein Kinderspiel, Kinder und Karriere zu vereinbaren: Ich habe pausenlos das Gefühl, immer etwas oder jemanden zu vernachlässigen.

Perfektion ist keine Motivation, sondern reiner Stress! Die Außenwahrnehmung unseres Selbst scheint dabei immer an erster Stelle zu stehen, und über unsere eigenen Grenzen und Bedürfnisse schauen und leben wir hinweg.

„Das Bessere ist der Feind des Guten", sagt ein altes Sprichwort, und danach leben wir fast tagtäglich, lassen uns vorgaukeln, dass es immer noch schöner sein könnte, wir noch mehr Erfolg haben könnten, unser Leben noch glücklicher sein könnte.

Gott sei Dank gibt es einige Mittel gegen Perfektionismus. Es braucht an erster Stelle Mut, und dann Geduld. Denn das Anti-Perfektionsprogramm muss geübt werden.

Der Grundsatz dieses Programms heißt:

„ICH BIN GENUG."

Eine Freundin sagte mir neulich, wie oft sie daran denke, dass Gott nach jedem Schöpfungsakt „sah, dass es gut war" (Genesis 1,10).

Nicht perfekt, sondern gut!

Und das reicht offensichtlich in Gottes Augen, es gibt ein „genug".

Der Schöpfer handelt wie ein Künstler, er schafft Neues, und das ist gut.

Wir sind gut!

Nicht, weil wir zu etwas gut sind, sondern weil wir Gottes Werk sind, von ihm erschaffen als ein Gegenüber.

Ein solcher Blick auf uns selbst kann sehr befreiend sein.

Wir sind genug. Wir haben einen Wert. Und diesen Wert zu leben würde bedeuten, dass wir auch unsere Heiligkeit in unserer Unvollkommenheit anerkennen.

Sei freundlich zu dir selbst. Frage dich, wie es dir geht, und dann höre dir ernsthaft zu.

Akzeptiere deine Gefühle, verdränge sie nicht, aber überbewerte sie auch nicht. „Achtsamkeit" heißt das Stichwort, das seit einigen Jahren in aller Munde ist, aber meiner Meinung nach auch zu Recht.

Und dann gibt es das, was wir auf diesem Geburtstag praktiziert haben: das Teilen unserer Menschlichkeit. Keine von uns versuchte, besser dazustehen als die Andere. Im Gegenteil: Wir vergossen ein paar Tränchen, hielten ein paar Hände, umarmten einander und spürten deutlich, dass das, was jeder Einzelnen von uns so vorkam, als beträfe es nur sie selbst, etwas war, das wir alle tagtäglich durchleben.

Diese Erfahrung der geteilten Menschlichkeit machte uns weicher, verständnisvoller, offener und stärker.

Rollenspiele

Heute Morgen war mein Sohn sehr niedergeschlagen, weil er in der Theater-AG der dritten Klasse eine Rolle spielen soll, die er nicht spielen möchte.

„So will ich überhaupt nicht sein!", sagte er und bezog sich damit auf den eitlen, eingebildeten Herrn, den er darstellen soll.

Ich finde es super, dass er so genau weiß, wie er sein möchte und wie nicht. Gleichzeitig möchte ich ihm sagen, dass eine Rolle zu spielen nicht gleichbedeutend ist mit „so zu sein". Das ist ja der ganze Witz am Rollenspiel! Man kann als Schauspieler in eine Rolle hineinschlüpfen, ohne selbst wie diese Person zu sein – oder werden zu müssen.

Allerdings kenne ich auch jede Menge Menschen, die sich in ihrem Rollenspiel verloren haben. Und damit meine ich nicht das Schauspiel auf der Theaterbühne, sondern das, was diese Menschen auf der Bühne ihres echten Lebens betrieben haben. Menschen, die etwas ausprobiert oder bestimmte Rollen angenommen haben, von denen sie meinten, die seien jetzt angesagt – und die dann nicht mehr zurückgefunden haben zu ihrem eigentlichen Ich.

Ein guter Freund hat erst kürzlich, mit Mitte 40, zum ersten Mal sein Leben aufgeräumt, nachdem er fast alles, was er liebte, zerstört hatte. Ihm wurde plötzlich bewusst, wie vieles er in seinem Leben getan hatte, ohne es wirklich zu wollen. Einfach nur deshalb, weil er sich dazu verpflichtet gefühlt hatte, weil er dachte, es würde von ihm erwartet. Jahrelang hatte er Rollen gespielt, ohne sich dessen bewusst zu sein.

Er begann, alles infrage zu stellen. Er verließ seine Frau und seine Kinder und sein Zuhause. Er verließ sich selbst, verfiel in eine schwere Depression, die in einen Selbstmordversuch mündete.

In diesem seinem schwersten Moment, so erzählt er, sah er seine Kinder vor sich und überlegte, was sie von ihm in Erinnerung behalten würden. Das änderte alles.

Er zog sich an seinen eigenen Haaren aus dem Sumpf und begann, sich neue Fragen zu stellen. Er fragte sich nicht mehr: „Was bin ich eigentlich alles nicht?“, sondern er fragte: „Was will ich wirklich sein?“

Er prüfte die Anforderungen, die an ihn und sein Leben gestellt wurden, und entschied sich bewusst und aus freien Stücken dafür oder dagegen, sie weiterhin aufrechtzuerhalten.

Der Psychoanalytiker Carl Gustav Jung vertrat in seinen Werken immer wieder die Ansicht, dass wir nicht das sind, was uns geschehen ist oder was uns von anderen zugefügt wurde, sondern das, was wir entscheiden zu werden. Diese Erkenntnis kann sehr befreiend sein. Wir müssen innerlich nicht in den Geschichten verharren, die wir erlebt haben. Wir dürfen weiterlernen, weiterwachsen, uns verändern und uns selbst im besten Fall dabei immer näher kommen.

Das ist eigentlich auch die Aufgabe von Religion. So leitet sich das Wort Religion vom lateinischen Wort Religio her. Und **Re-ligio heißt „Rückbindung". Die Aufgabe von Religion ist demnach, Menschen zurückzubinden an ihre ursprüngliche, wahre Identität, die „in der Liebe und Barmherzigkeit Gottes verborgen ist" , wie Thomas Merton einmal schrieb.**

Gott hat uns gut geschaffen, wir sind nach seinem Bild geschaffen, das heißt, in unserem Kern steckt Gott selbst!

Dieses Wissen kann uns helfen, im täglichen Wirrwarr die Entscheidungen zu treffen, die das Leben besser machen.

Mein Sohn wird die Rolle des eingebildeten Herrn nicht spielen. Er ist noch ein bisschen zu jung, glaube ich, um aus einer gefestigten Identität heraus in eine Rolle zu schlüpfen, die ihm fremd und unangenehm ist. Aber ich bin sehr stolz, dass er seinen guten Kern spürt, dass er so deutlich fühlt, was zu ihm passt und was nicht.

Dafür hab ich doch dich

Ein Pfarrer traf einen Mann, der im Garten vor seinem neuen Haus arbeitete. Sie kamen ins Gespräch, und der Pfarrer sagte voll Anerkennung zu ihm:

„Da haben Sie sich mit Fleiß und Gottes Hilfe aber einen schönen Garten angelegt!"

„Das kann man wohl sagen, Herr Pfarrer", antwortete der Hausbesitzer, „aber Sie hätten einmal sehen sollen, wie das Grundstück aussah, als der liebe Gott hier noch allein gearbeitet hat!"

An diese nette Anekdote dachte ich heute Abend, als ich die Nachrichten sah, die mich mal wieder ziemlich deprimierten.

Gott hat uns hierher gestellt, in diese Welt. Es reicht nicht zu beten: „Nun tu was, Gott!", wenn es hier nicht so läuft, wie es uns gefällt. Und das meiste läuft überhaupt nicht so, wie es uns gefällt! Menschen werden ausgebeutet, das Klima versaut, die Meere verschmutzt, eine immer tiefere Lücke klafft zwischen Arm und Reich, es gibt so schrecklich viel Ungerechtigkeit auf der Welt, Familien sind zerstritten, Menschen sind verzweifelt und haben Angst.

Aber bitte, mal ehrlich: Wie soll Gott das richten?

Als ich vor wenigen Jahren einmal sehr verzweifelt war, weil es einem guten Freund unglaublich schlecht ging, betete ich: „Gott, zeig ihm deine bedingungslose Liebe!" Und so wahr ich hier stehe, Gott antwortete mir: „Dafür hab ich doch dich!"

Ich war wie vom Donner gerührt. In diesem Moment beantworteten sich für mich Hunderte von Fragen mit einer einzigen Antwort.

Dafür hat Gott mich!

Dafür, eine Vision von dieser Welt zu haben, wie sie besser sein könnte, und dann daran zu arbeiten, dass sie wahr wird.

Dafür, die Dinge in eine Richtung zu lenken, die dem Ideal etwas näher kommt.

Und dieses Ideal ist der Himmel.

Der Himmel ist aber nicht „da oben" irgendwo weit weg, oder nur das, was kommt, wenn wir tot sind. Der Himmel ist, was die Erde sein könnte, wenn wir den Auftrag ernst nehmen, den Gott uns gegeben hat. Wenn wir das, was uns ins Auge sticht, was uns wütend oder tieftraurig macht und uns gleichzeitig zeigt, wo es Arbeit für uns gibt, wo wir gebraucht werden, auch wirklich anpacken, dann könnte der Weg zum Himmel schon ein Stückchen vom Himmel sein. Denn genau das ist die gelebte Liebe, mit der Jesus den Himmel auf die Erde brachte.

Und Liebe ist ein Verb.
Immer noch!
Ich kann sie mir auf die Fahnen schreiben,
aber letztlich kommt es einzig und allein darauf an,
ob ich sie lebe.
Denn Liebe ist nur, was Liebe tut.

Und dafür hat Gott uns doch: diese Liebe durch unsere Herzen und Hände wie Samen in die Welt zu streuen!

Das Gebot der Atemmaske

Neulich waren wir wieder mal auf einem Langstreckenflug. Bei den Sicherheitshinweisen, die man inzwischen elektronisch auf dem Bildschirm vor sich sieht (früher war es immer sehr lustig, den Pantomimen der Flugbegleiter zuzusehen!), bekam ich an einer Stelle, wie immer, ein seltsames Gefühl. Und zwar bei der Stelle, an der es heißt:

„Sollte der Druck in der Kabine sinken, fallen automatisch Sauerstoffmasken aus der Kabinendecke. In diesem Fall ziehen Sie eine der Masken zu sich heran und drücken Sie die Öffnung vollständig über Mund und Nase. Erst danach helfen Sie Kindern und anderen Passagieren."

Ich störe mich jedes Mal daran, dass man zuerst sich selbst, dann seinen Kindern oder anderen Mitreisenden die Sauerstoffmaske aufsetzen soll. Mein Löwenmutterinstinkt möchte doch zuerst meinem Kind helfen! Ganz klar! Als Eltern kennen wir doch einige Jahre lang keine noch warme Mahlzeit mehr, weil wir – selbstverständlich! – immer zuerst unsere Kinder füttern. Wenn Gefahr droht, würden Eltern sich lieber selbst opfern, als zuzusehen, wie ihren Kindern etwas zustößt. Unser Mitgefühl und unsere Fürsorge würden es uns doch gebieten, zuerst die Sauerstoffmaske über den Kopf unseres Kindes zu ziehen! Warum also diese Ansage im Flugzeug, die mir jedes Mal so sehr gegen den Strich geht?

Eine freundliche Flugbegleiterin klärte mich auf. Sie erzählte mir, dass man im Falle eines Sauerstoffverlustes schon nach wenigen Sekunden Übelkeit und starke Kopfschmerzen verspürt, und dass tatsächlich nur 15 bis 18 Sekunden Zeit bleiben, bevor man ohnmächtig wird. Man wäre also kaum lange genug bei Bewusstsein, um die Maske zuerst seinem sich möglicherweise wehrenden Kind überzuziehen. Und selbst wenn es gerade noch reichte: Was dann? Ein Kind käme vielleicht nicht mal an die über ihm baumelnden Masken heran und könnte sie sicherlich nicht korrekt einem Erwachsenen über Mund und Nase stülpen.

Also, auch wenn es gegen den elterlichen Impuls geht: Wer sich zuerst um seine eigene Maske kümmert, rettet damit sein Leben und das des Kindes.

Bei längerem Nachsinnen auf unserem langen Flug wurde mir mehr und mehr klar, dass diese Sauerstoffmaskenmetapher auch im echten Leben greift.

Wie viele Menschen leben in giftigen Beziehungen: Sie geben und geben, ohne etwas zurückzuerhalten, ohne selbst genährt zu werden, und halten diesen Zustand in ihren Beziehungen aus, weil sie meinen, das würde von ihnen erwartet – obwohl ihnen der „Sauerstoff" der Liebe und Akzeptanz vorenthalten wird, den wir doch alle zum Leben brauchen.

Ich möchte hier nicht urteilen und auch nichts falsch verstanden wissen: Es lohnt sich, für Beziehungen zu kämpfen und einen langen Atem zu haben!

Gleichzeitig aber finde ich es wichtig, ein gesundes Maß des Erträglichen zu erspüren und Missstände anzusprechen, wo es möglich ist. Ich kann nur ahnen, wie schwer es ist, in verfahrenen Situationen das Richtige zu tun oder zumindest das am wenigsten Falsche. Ich möchte deshalb heute einfach nur liebevoll den Arm um diese Menschen legen und sie daran erinnern, dass sie sich auch mal selbst die Sauerstoffmaske anlegen sollten.

„Liebe deinen Nächsten wie dich selbst"(Galater 5,14), dazu hat Jesus uns aufgefordert. Die Reihenfolge vermag ich hier nicht zu erkennen, wohl aber, dass beides nötig ist. Denke an die anderen, aber denke auch an dich selbst. In dieser turbulenten Welt müssen wir genug Lebenserhaltendes bekommen, um es anderen weitergeben zu können. Wer sich selbst komplett verausgabt, tut damit keinem einen Gefallen, weder sich selbst noch seinem Nächsten. Wenn uns die Luft zum Atmen ausgeht, hat keiner mehr etwas von uns.

Sich selbst wichtig genug zu nehmen, fällt vielen schwer. Der Impuls, unsere Kinder und Familie zuerst zu versorgen, sich für die anderen zu verausgaben, ist sehr groß. Und doch sagt Jesus, dies ist neben der Gottesliebe das wichtigste Gebot.

Die anderen und du: Ihr seid verbunden in dieser Sauerstoff-Geschichte, durch alles, was um und in euch ist, ihr lebt beide davon. Du liebst den anderen mit dir selbst, aus dir selbst heraus.

Gesunde Selbstliebe ist nicht unsozial, ist nicht egoistisch. Sie bedeutet, dich selbst zu erhalten, und damit auch deinen Nächsten. Sie bedeutet, dich selbst wichtig genug zu nehmen, um zu begreifen, dass du für diese Welt wichtig bist, und zwar dein bestmöglichstes, heilstes „Du“.

Ich schaue aus dem Fenster in das unendliche Schwarz des Universums um mich herum: Welche tiefe Weisheit, welche wunderschöne Wahrheit steckt doch in diesem banalen Sicherheitshinweis.

Zwischendurch-
momente

Weitsicht

Ich habe es mir vor einiger Zeit zur Angewohnheit gemacht, als erste Handlung am Morgen ein paar Sekunden das Fenster zu öffnen und in den Himmel zu schauen. In den Ferien oder an Wochenenden gönne ich mir sogar den Luxus, mal eben kurz barfuß vor die Haustür zu treten.

Warum ich das mache?

Weil mir auffiel, dass ich so manches Mal durch meinen Tag haste, ohne ein einziges Mal nach oben zu blicken.

Wir sind so verwebt in unser Leben, unseren Alltag, in all die Arbeit, die getan werden muss, dass wir uns in Details verstricken, in Kleinigkeiten erschöpfen und nicht mehr über den sprichwörtlichen Tellerrand blicken. Trotz (oder vielleicht wegen?) der unendlichen Möglichkeiten und Freiheiten, die wir haben, fühlen wir uns gestresst, beengt, überfordert.

Uns fehlt die Weitsicht.

Dabei ist sie es, die unserem Alltag doch die Eindimensionalität nehmen will. Wenn der Überblick fehlt, vergessen wir schnell, warum wir etwas machen, schwindet schnell die Motivation, verlieren wir schnell die Orientierung.

Ein sehr alter Liedermacher verfasste diese wunderbare Zeile: „Du stellst meine Füße auf weiten Raum."

Ja, wir stehen inmitten einer großen Geschichte, deren Autor nicht wir sind. Diese Geschichte hat einen wunderbaren Anfang, der Liebe heißt, und ist auf jeder Seite durchwirkt mit goldenen Hoffnungsfäden. Der diese Geschichte schreibt, hat uns das Versprechen gegeben, uns niemals allein zu lassen und uns ans Ziel zu bringen.

Das ist die Perspektive, die ich jeden Tag brauche. Das ist der weite Raum, auf den ich meine Füße stellen möchte.

Daran denke ich, während ich morgens meine paar Sekunden aus dem Fenster schaue. Ich atme tief ein und lasse mir von Gott noch einmal seine Geschichte erzählen. Ich sage Ja zu seiner großen Vision, schließe das Fenster und starte in die Weite meines Tages.

Tu, was du willst

Wir haben neulich ein Experiment gemacht:
Zum ersten Mal haben wir in unserer Familie einen „Tu, was du willst"-Tag verbracht.

Die Aufgabe: Abgesehen von den gemeinsamen Mahlzeiten und dem Zubereiten derselben darf jeder den Rest des Tages so verbringen, wie er oder sie will.

Relativ schnell war die Priorität der Kinder klar: Bildschirmzeit! *Wii* spielen! Was sonst bei uns zu Hause nur an Wochenenden und dann auch nur je 30 Minuten lang erlaubt ist, durfte an diesem Tag ohne Limit betrieben werden. Die Kinder verbrachten vermutlich vier Stunden am Stück vor diversen Bildschirmen, bis sie nicht mehr konnten, und den Rest des Tages mit Musik im Garten auf der Schaukel und dem Trampolin. Und ja, auch viele Gummibärchen haben das Ende dieses Tages nicht mehr erlebt.

Ähnliches hatte ich erwartet.

Was ich aber weitaus interessanter fand, war, wie ich diesen Tag verbrachte.

Morgens noch dachte ich: Ich werde den ganzen Tag lang lesen!

Doch nach der ersten halben Stunde, die ich mit meinem Buch verbracht hatte, ergriff mich eine heftige Kreativitätswelle, und ich beschloss, meinen Newsletter zu verfassen, der für nächste Woche auf der To-do-Liste stand.

Dies tat ich mit ungewöhnlich viel Zeit und Muße und brachte damit einige Stunden zu.

Zwischendurch wurde ich hungrig und zauberte mit Zeit und Lust ein leckeres Mittagessen als Überraschung für meine Familie, obwohl eigentlich ausgemacht war, dass wir alle für die Mahlzeiten verantwortlich sind. Danach setzte ich mich wieder an meinen Newsletter.

Am Nachmittag machte ich nach all dem Sitzen fast anderthalb Stunden ausgiebigste Wirbelsäulengymnastik.

Danach trank ich einen Tee mit meinem Mann, und wir beide stellten fest: Wir hatten eigentlich bislang nichts anderes getan als an anderen Tagen auch, nur hatten wir es mit weitaus mehr Zeit, Freude und Genuss getan!

An jedem anderen Tag hätte ich wahrscheinlich schon morgens gedacht: „Ich MUSS unbedingt heute mal wieder Sport machen, und der Newsletter MUSS auch unbedingt geschrieben werden, das dauert bestimmt wieder ewig. Und dann MUSS ich auch noch fürs Mittagessen sorgen ..." Daraufhin hätte ich mich mit dem Gefühl in diesen Tag begeben, dass Punkte von meiner Liste „abgearbeitet" werden müssen, und sowohl das Verfassen meines Newsletters als auch das Kochen und meine Gymnastik-Stunde wären weniger erfüllend gewesen und stattdessen mehr mit einem Gefühl des Drucks und der Verpflichtung verbunden.

Zweierlei hatte ich an diesem Tag gelernt und erfahren.

Erstens: Ich tue offensichtlich meistens das in meinem Leben, was ich auch wirklich will! (Das ist ein wichtiger Gedanke, denn allzu oft erwische ich mich dabei, zu denken, ich MUSS etwas tun, wobei ich es in Wahrheit doch eigentlich tun WILL!

Woher kommt dieses Denken? Ist es womöglich eine Sache der Gewohnheit? Wenn man oft genug tut, was man will, wird es dann vielleicht automatisch zur Pflicht? Wann geschieht dieser Perspektivwechsel? Das wäre interessant zu beobachten!)

Zweitens: Ich kann alle Dinge mit mehr Freude tun, wenn ich mir bewusst mache, dass sie keine Pflicht, sondern meine Wahl sind!

Gut, ich gebe zu, die Gleichung geht nicht zu hundert Prozent auf. An diesem „Tu, was du willst"-Tag lief keine Waschmaschine, ich war nicht einkaufen und

kein Kind musste (ha! Gemerkt? MUSSTE) irgendwohin gefahren oder bei den Hausaufgaben unterstützt werden. Das hat es mir erleichtert, mich völlig auf mich selbst und das,
was ich da wollte und tat, zu konzentrieren.

Und doch: **Ich will dieses Gefühl mitnehmen in meine anderen Tage: dass ich mich frisch und aus freien Stücken an meine Arbeit mache, weil ich sie nämlich immer wieder wählen würde, wenn mir nicht schon vorher in den Sinn käme, dass ich sie tun MUSS!**

Mit etwas anderen Augen lese ich inzwischen das berühmte Augustinus-Zitat: „Liebe, und dann tue, was du willst." Seine Bedeutung bezieht sich für mich nun nicht mehr so sehr auf abstrakte Fragen und Werte, sondern ganz konkret auf meinen Alltag:

Das, was mir jeden Tag begegnet und unter die Augen kommt – meine Kinder, meine Hausarbeit, meine berufliche Arbeit –, das liebe ich!
Darum tue ich dafür auch das, was ich tun muss.
Weil ich es will. Weil ich liebe.

(ACHTUNG, ACHTUNG: Das Erledigen der Steuererklärung ist in diesem Text ausgenommen.)

Worum geht es da eigentlich?

„Worum geht es da eigentlich?“, wurde ich schon unzählige Male zu unzähligen Songs gefragt, in Interviews, auf Konzerten, am Abendbrottisch.

Es ist doch so: Wir Menschen möchten die Dinge gern erklärt haben, heruntergebrochen auf eine einfache Formel, konkret, handfest, eine Quintessenz. Egal, ob es sich um Musik handelt, ein Gemälde, ein Gedicht, ein Theaterstück, einen Tanz oder eine Skulptur ...

Amos Oz schreibt: „Der schlechte Leser kommt und fordert mich auf, die Geschichte, die ich geschrieben habe, für ihn zu schälen. Verlangt, ich solle eigenhändig meine Trauben in den Mülleimer werfen und ihm nur die Kerne vorsetzen.“

In einem Satz möchte man gern erklärt haben, woran ein Künstler wochen- oder monatelang gearbeitet hat.

Das funktioniert so aber nicht in der Kunst, ebenso wenig im Leben oder in der Liebe.

Es funktioniert auch nicht im Glauben.

Es ist nicht nur schwer, diese großen Lebensthemen kurz zusammenzufassen.

Es ist sogar gefährlich.

Nehmen wir doch nur die Frage: „Was ist die Gute Nachricht der Bibel?"

Schon die Menschen, die zu biblischen Zeiten gelebt haben, würden auf diese Frage unterschiedlich antworten: für die Kinder, die Jesus zu sich kommen ließ und segnete, war die Gute Nachricht eine andere als für den Mann, dessen Tochter Jesus vom Tod erweckte, oder für die Andersgläubige, die er beim Wasserschöpfen aus dem Brunnen traf. Die Gute Nachricht: ein Menschenbild, das nicht auf Leistung gründet? Der Tod ist nicht das Ende?
Ich bin angenommen trotz meiner Fehler?

Drei verschiedene Antworten auf ein und dieselbe Frage.

Meine Antwort wäre also: Es kommt darauf an, wen man fragt.

Das Leben ist bunt und vielfältig, wir Menschen sind so verschieden in dem, was wir brauchen und wonach wir uns sehnen. Selbst ein einzelner Mensch wird sich im Laufe seiner unterschiedlichen Lebensphasen wandeln und mit 80 Jahren vermutlich andere Prioritäten setzen als mit acht.

Daher ist es nicht sinnvoll, die Frage nach einer allgemeingültigen Wahrheit zu stellen.

Noch einmal Amos Oz: „Wer den Kern der Geschichte im Verhältnis zwischen Werk und Autor sucht, der irrt: Man sollte ihn nicht im Verhältnis zwischen dem Text und seinem Verfasser suchen, sondern in dem zwischen Text und Leser."[8]

Oder, wie ein guter Freund von mir zu sagen pflegt: „Bei manchen biblischen Geschichten habe ich nicht den Eindruck, ich lese sie, sondern sie lesen mich."

So habe ich es mir zur Angewohnheit gemacht, jedes Mal, wenn ich nach der Bedeutung eines Songs oder Textes gefragt werde, zu antworten:

„Was bedeutet es denn für dich?"

Die unfassbarsten Gedanken und Geschichten habe ich daraufhin schon gehört; tiefe Gespräche haben sich ergeben und mich unzählige Male zum Staunen darüber gebracht, wie viel Größe und Weite die menschliche Seele hat.

Und was das über ihren Schöpfer aussagt.

Zu viel zu tun, zu wenig Zeit

Schon als Kind hatte ich vielseitige Interessen. Ich habe mir das Spielen von Instrumenten beigebracht, mir Hörspiele ausgedacht und aufgenommen, ich habe gesungen, getanzt, gemalt, gelesen. Ich liebte es, Rollschuh zu fahren (und dabei zu singen), ich interessierte mich sehr für die Natur und Tiere, verbrachte Stunden auf dem Baum in unserem Garten und hing meinen Gedanken nach.

Im Gegensatz zu heute hatte ich damals nie das Gefühl, dass meine Zeit nicht reicht. Meine Arbeit und meine Interessen sind heute noch genauso vielfältig, allerdings habe ich dauerhaft den Eindruck, dass ich, während ich das eine tue, das andere vernachlässige.

Als ich letzte Woche darüber nachdachte, dass meine Kindheit genauso gefüllt war wie mein Leben jetzt, mit dem einzigen Unterschied, dass ich damals noch nicht die Angst kannte, nicht genug Zeit für alles zu haben, wurde mir eines bewusst: Viele Interessen, viele Dinge, die ich tun oder wissen wollte, haben mich damals nicht gestresst, weil ich voll und ganz eintauchte in das, was ich gerade tat.

Ich hatte Lust an dem, was für diesen Moment meine Wahl war, und verschrieb mich mit Haut und Haar, Herz und Verstand genau diesem Moment, ohne schon wieder an den nächsten zu denken.

Heute gilt: Multitasking! Ich kann gleichzeitig zu Mittag essen und einen Text schreiben, während unten im Keller die Waschmaschine läuft, das Brot im Backofen backt und ich im Kopf nebenbei noch aufliste, was heute unbedingt noch erledigt werden muss. Wenn ich komponiere, räume ich zwischendurch mal die Küche auf oder beantworte E-Mails.

Überhaupt muss niemand, der mir eine Nachricht schreibt, lange auf eine Antwort warten. Ich kann gleichzeitig einen Großputz veranstalten, meine Kinder beim Hausaufgabenmachen betreuen, einen Text übersetzen, der miauenden Katze die Tür öffnen und die Post sortieren.

Mein Gehirn kann das, meine Hände und Beine machen mit – aber nicht mein Herz.

Nicht meine Seele. Die kann nur sein, wo mein Herz ist, und das ist oft zerrissen zwischen Kindern und Karriere, Haushalt und Musik, meiner To-do-Liste und der Sehnsucht nach Stille.

Während ich eine Sache mache, bin ich mir gleichzeitig sehr bewusst, dass es noch mindestens zwanzig andere Dinge gibt, die ich gerade nicht mache.

Heute bin ich zwar weiser und klüger (?), aber muss wieder neu einüben, was mir als Kind klar war, ohne dass es mir jemand sagen musste:

... dass meine Seele nur da sein kann, wo ich gerade bin, mit ungeteiltem Herzen. Nur dann kann sie sich öffnen, nur dann hat sie Zeit zum Atmen, Wachsen, Aufblühen.

... dass ich genügend Zeit habe, in jedem mir gegebenen Moment, und dass all diese Gedanken und Gefühle von Knappheit zuerst in meinem Kopf existieren, bevor sie sich in meinem Leben manifestieren.

... dass dieser Moment jetzt alles ist, was wirklich wichtig ist.

... und dass Blaise Pascal absolut Recht hat: „Die Weisheit führt uns zur Kindheit zurück."

Von Bildern und Rahmen

Kürzlich verstarb Dinos Onkel Frank, der ihn in künstlerischer Hinsicht stark geprägt hatte. Er war Musiker, Maler, DJ, Überlebenskünstler. Mein Mann erinnert sich gern daran, wie er als Kind mit seiner Familie das Haus seines Onkels in Kalifornien besuchte. Jedes Mal hing ein neues von Frank gemaltes Bild an irgendeiner Wand.

Dino erzählt mir, wie ihn eines der Bilder besonders beeindruckt hat: ein großer Ozeandampfer, der im Hafen liegt, die Sonne scheint auf ihn herab, die Reling glänzt, die Farben sind brillant, alles sieht nach Aufbruch aus, scheint und strahlt.

Als Dino seinen Onkel Frank das nächste Mal besuchte, war dasselbe Bild übermalt: Es war nicht mehr strahlender Mittag, die Sonne stand tiefer, die Farben waren sanfter, gedeckter. Es sah nun nicht mehr nach Aufbruch aus, sondern nach Ankunft.

Beim dritten Besuch, etwa vier Wochen später, war es auf diesem Gemälde Nacht geworden. Ein Mond stand am Himmel, der große Dampfer war in schwarzblauen Schattierungen übermalt, die Wellen, der Ozean, der Himmel, alles strahlte Ruhe aus.

„So war mein Onkel Frank", sagt Dino, „er hatte keine Scheu davor, perfekte Bilder zu übermalen. Jedes dieser Gemälde war ein Kunstwerk, es gab nichts daran auszusetzen. Und doch hat Onkel Frank es immer wieder verändert – je nach Stimmung. Ohne Verlustangst, ohne Reue. Er hatte etwas Spielerisches an sich, sein Leben lang, bis ins hohe Alter. So hat er gemalt, und so hat er gelebt."

Der Gedanke an das Bild, das man immer wieder übermalt, beschäftigt mich. Wie schwer tun wir uns doch oft damit, etwas loszulassen, weiterziehen zu lassen, sich entwickeln zu lassen. Wir wollen es lieber festhalten, an die Wand hängen – und tun ihm und uns damit unbewusst doch keinen Gefallen. Geraten in Stagnation, Wehmut.

Dinge festhalten zu wollen, ist sehr menschlich. Wir pflücken wunderschöne Blumen und stellen sie in eine Vase, nur um ihnen beim Verwelken zuzusehen. Festhalten können wir die Schönheit ihrer Blüte doch nicht.

Das Bild, das wir von uns und der Welt haben, ist oft zu eng. Wie oft verlieren wir den Blick für die Weite, die Größe, die Unendlichkeit.

Es gibt größere Rahmen als die, die wir sehen!

Wie befreiend dieser Gedanke ist: Das, was wir für das Gemälde halten, ist nur ein Entwurf!

Wir müssen nichts festhalten, müssen uns nicht festklammern an dem, was ist, an dem, was wir gerade sehen und für perfekt erachten. Wir dürfen uns ändern und wachsen, wir dürfen unser Bild von uns selbst und der Welt immer wieder ändern und übermalen. Wir dürfen neue Farbe auf die Leinwand bringen und experimentieren.

Wir müssen nicht ein fertiges Bild an die Wand hängen, dem wir dann entsprechen müssen, oder dem wir nachtrauern, wenn es uns nicht mehr entspricht; nein, wir dürfen den Pinsel immer und immer wieder über die Leinwand und die bereits aufgetragene Farbe streichen.

Gott, stelle unsere Maßstäbe auf den Kopf.

Lass uns bewusst werden, dass das, was wir meinen, von dir verstanden zu haben,

nur Stückwerk ist.

Lehre uns neu das Staunen über deine Gedanken, die so viel tiefer sind als die unseren,

und über deinen Geist, der so viel höher ist als das, was wir Vernunft nennen.

Gott, nach deinem Bilde sind wir geschaffen.

Und doch malen wir uns selbst und andere in düsteren Farben, und pressen uns und dich in zu enge Rahmen.

Wir bitten dich: Nimm unsere Herzen aus der Enge unseres Denkens, und lass sie schlagen in deiner Weite und Grenzenlosigkeit!

Geh von dem aus, was du hast!

Ich bin kein Mathegenie. Schon Achtklässler-Mathe bringt mich recht schnell an meine Grenzen. Trotzdem setzte ich mich eben mit meiner Tochter und ihrer Textaufgabe an den Tisch.

„Schreib erst mal alles auf, was du hast“, war mein erster Satz, nachdem wir die Aufgabe durchgelesen und nur Bahnhof verstanden hatten.

„Was soll das denn bringen?“, schnaubte Jonna, „Weißt du, wie's geht, oder nicht?!“

Nein, ich wusste es nicht, aber ließ mich davon nicht beirren.

„Schreib's mal auf, dann sehen wir weiter“, sagte ich nur.

Sie tat, wie geheißen.

Als wir schließlich auf dem karierten Papier vor uns aufgemalt sahen, was uns in der Textaufgabe relativ verschachtelt mitgeteilt worden war, erkannten wir beide, welche Rechnung zum Ergebnis führen würde.

„Cool“, sagte Jonna nur.

„Ja“, sagte ich, „nicht wahr?“

Das hat meine Mutter früher schon immer zu mir gesagt:

„Geh immer von dem aus, was du hast."

Später dachte ich über diesen Satz nach, und dass er eigentlich ein „Zaubersatz" ist. Auf viele Lebenssituationen anwendbar. Wie oft erscheinen uns Situationen verstrickt; wir haben absolut keinen Überblick, sehen keine Lösung und wissen nicht, wo es alles hinführen soll.

Wenn ich aber von dem ausgehe, was ich habe, lege ich den Grundstein für einen Paradigmenwechsel. Ich sehe nicht mehr auf das große unendliche Chaos, sondern auf das Überschaubare und Gute direkt vor meinen Augen.

Es hat auch ganz direkt mit Dankbarkeit zu tun: Die Momente, in denen wir uns wirklich lebendig fühlen, sind meistens diejenigen, in denen unser Herz weiß, wie kostbar das ist, was wir haben oder erleben dürfen.

Geh von dem aus, was du hast.

Schreib eine Liste mit den Dingen, die genau in diesem Moment vor deinen Augen sind, zu deinen Füßen liegen oder in deinen Händen sind: ein gutes Buch, eine warme Decke, ein gemütliches Schlafzimmer?

Spielende Kinder vor dem Fenster, ein Glas klares Wasser, für das du nur den Wasserhahn aufdrehen musstest, vielleicht ein Stück Schokoladentorte?

Eine Badewanne, die heute Abend auf dich wartet?

Eine gute Freundin, die dir zur Seite steht, ein Telefon, mit dem du jederzeit jemanden anrufen kannst?

Eine Kerze, ein Licht, Wärme?

Ein Gartenstuhl, Sonnenschein, grünes Gras und eine Hummel, die ein Wunderwerk in sich ist?

Eine Gitarre, oder die Songs einer guten, neuen CD? Oder einfach Stille?

Salzstreuer, Himbeeren, dein Tagebuch, das Geräusch von knirschendem Schnee, das Gefühl einer kalten Dusche nach einem heißen Tag? Blumen? Eine nasse Hundeschnauze, weiches Katzenfell, klebrige Kinderhände?

Wo auch immer wir gerade sind, ich bin mir sicher, es gibt immer eine lange Liste von Dingen, die wir mögen, und die uns jetzt in diesem Moment zur Verfügung stehen.

Von diesen Dingen, Gefühlen, Möglichkeiten auszugehen, macht uns dankbar.

Und Dankbarkeit heilt Bitterkeit.

Dankbarkeit macht schöpferisch.

Dankbarkeit öffnet das Herz.

Dankbarkeit schafft den Mut zu vertrauen und überwindet so die Angst.

Hier endet nun mein Vergleich mit der Mathematik, denn: Dankbarkeit bringt keine eindeutigen Lösungen oder Ergebnisse hervor. Nicht jedes Problem verschwindet, wenn wir dankbar sind. Aber ich wage zu behaupten, dass wir trotz Problemen und Chaos um uns herum ein Leben leben können, das lebenswert und gut ist und das Bedeutung hat, wenn wir die vielen Dinge und Momente und Gelegenheiten, die uns geschenkt sind, die uns hier und heute zur Verfügung stehen, sehen, bejahen und dankbar für sie werden.

Denn „echte Dankbarkeit schaut nicht vornehmlich auf das Geschenk, um es gebührend zu würdigen, sondern sie schaut auf den Geber." Das sagt der Benediktinermönch und Dankbarkeits-Experte David Steindl-Rast. Und weiter:

„Durch dankbares Leben erfahren wir einen Gott, in dem wir völlig eingebunden und eingebettet sind. Wir sind völlig in Gott. Gott ist völlig in uns und geht gleichzeitig unendlich über uns hinaus. Gott ist Geber, Gabe und dankbares Leben."[10]

Wenn das mal nicht jede Mathematik sprengt …

Ich bin erst mal sehr dankbar, dass mein doch recht limitiertes mathematisches Verständnis, unter dem ich zu Schulzeiten gelitten habe, mich heute zu solchen Gedanken inspiriert hat.

Zerbrochen

Korallen wachsen unheimlich langsam, pro Jahr im Durchschnitt nur 7,5 mm.

Durch ein Unglück zerbrach einem Forscher vor einigen Jahren beim Reinigen seines Aufzuchtsbeckens eine Koralle. Dieser Fehler entpuppte sich jedoch als großes Glück: Man fand heraus, dass die zerbrochene Koralle 25 Mal schneller wuchs als ihre heilgebliebenen Kollegen. Etwas geschieht in der Koralle, wenn sie zerbricht, das schnelle Heilung und schnelleres Wachstum verursacht.

Als ich diese Nachricht lese, bin ich unheimlich gerührt. **In meinem tiefsten Inneren spricht mich diese einfache Wahrheit an, dass Zerbrochenes stärker wird.**

Schon oft wurde darüber philosophiert:

„There's a crack in everything. That's how the light gets in", textete Leonard Cohen in seinem Song „Anthem".

„Meine Kraft ist in den Schwachen mächtig", steht in der Bibel (2. Korinther 12,9; Lutherbibel).

Und dieses Denken zieht sich durch die gesamte Menschheitsgeschichte. Nach dem Franziskanerpater und Autor Richard Rohr gab es schon immer zwei universelle Hauptwege zur Transformation, die für jeden Menschen zugänglich sind: große Liebe und großes Leid. Nur Liebe und Leid seien stark genug, die üblichen Verteidigungsmechanismen unseres Egos niederzuringen, unser duales Denken zu durchbrechen, und uns für das Geheimnis zu öffnen. Oder wie Rainer Maria Rilke es ausdrückte: „Nie erfahren wir unser Leben stärker als in großer Liebe und in tiefer Trauer."

Das Geheimnis von der Schönheit im Zerbruch wussten auch die alten Japaner zu schätzen und entwickelten im 16. Jahrhundert „Kintsugi", eine traditionelle Reparaturmethode für Keramik, bei der die Scherben mit einem Lack zusammengeklebt werden, dem Goldpulver beigemischt ist. Dadurch werden die Bruchlinien deutlich hervorgehoben, ja, sie werten die reparierte Schale geradezu auf. Im Zentrum dieser japanischen Kunst steht die Wertschätzung der Fehlerhaftigkeit.

Diese Philosophie, die Wertschätzung der Fehlerhaftigkeit, die Schönheit im Zerbruch, hat für die Koralle sogar eine ganz existenzielle Bedeutung: Durch ihre Zerbrochenheit wird sie ihre Spezies retten!

Mein Zerbruch rettet vielleicht niemanden.

Aber vielleicht weiß ich das ja nur nicht. So eine Koralle weiß ja auch nichts von der Bedeutung ihrer Zerbrochenheit, wenn sie da klein und einsam auf dem Grund des Aquariums vor sich hin lebt und nur noch ein Bruchteil ist von dem, was sie einst war.

Sie wird wahrscheinlich auch nie wissen, dass sie nach einigen Jahren so viel stärker und schöner ist, als sie es ohne Zerbruch geworden wäre.

Vielleicht wird sie sich zeit ihres Lebens an ihre unversehrte Gestalt erinnern und dieser nachtrauern.

Vielleicht wird sie noch in hundert Jahren davon träumen, nicht zerbrochen zu sein, sondern heil und unbeschwert, wie sie einmal war.

Vielleicht wird sie sich ihres rapiden Wachstums und ihrer Bedeutung für die Weltmeere nie bewusst sein.

Was wissen wir schon, was Korallen denken?

Ein sandkorngrosses Stück Himmel

Ich bin ein Mensch, der gerne Dinge in die Hand nimmt. Ich bin ein Organisationstalent, ich bin eine Denkerin und eine Macherin. Ich kann gut regeln, einschätzen, zuhören, kreativ werden; ich kann anpacken, ich mache Pläne und ich führe sie durch.

Es gibt allerdings Zeiten in meinem Leben, da habe ich das Gefühl, ich habe keine andere Wahl – etwas wird von mir gefordert, erwartet. Ich möchte die Erwartungen nicht enttäuschen, Menschen verlassen sich auf mich. Und ich selbst habe diese hohen Ansprüche an mich!

In diesen Zeiten wird das Talent zur Last. Dann wird der Segen zum Fluch. Dann laufe ich Gefahr auszubrennen. Wenn das Gefühl, gebraucht zu werden und etwas zu bewirken, umschlägt in das Gefühl, man trage die Last der Welt auf seinen Schultern, dann ist das nicht nur sehr ungesund, sondern auch ein bisschen anmaßend – um nicht zu sagen größenwahnsinnig.

Mitten in einer solchen Zeit las ich soeben eine biblische Geschichte. In der Bibel stehen eine Menge Geschichten, und viele davon hat Jesus selbst erzählt. So auch diese hier:

Der Himmel, sagt Jesus, das Reich Gottes, sei wie ein Senfkorn. Winzig klein.

Ein Senfkorn hat ungefähr die Größe eines Sandkorns. Die Rede ist hier nicht von den gelben Senfkörnern, die wir aus dem Gewürzgurkenglas kennen – das Senfkorn, das Jesus meint, ist das schwarze, was noch viel kleiner ist: Man kann es tatsächlich kaum sehen.

Ein Mann nahm dieses Senfkorn und säte es in sein Feld. Und aus diesem Pünktchen wuchs ein Baum, der größer, höher und mächtiger war als alle anderen Pflanzen, so hoch, dass die Vögel darin Schutz fanden und Nester bauten.[12]

So oft ich diese Geschichte schon gehört oder gelesen hatte, so oft ich schon über die Tatsache gestaunt hatte, dass aus etwas so Winzigem etwas so majestätisch Großes heranwachsen kann, so wurde mir eben eines zum ersten Mal bewusst: Der Mann, von dem in der Geschichte die Rede ist, hatte keinen sonderlich schwierigen Job! Er rackerte sich nicht tagein, tagaus ab, jätete Unkraut oder kaufte einen besonderen Dünger.

Alles, was er tat, war,
dieses kleine Körnchen in die Erde zu legen.
Und dann abzuwarten.
Vielleicht ein Teechen zu trinken.

Ja, ich musste schmunzeln, als ich den Gärtner so dasitzen sah vor meinem inneren Auge. Ein Liedchen pfeifend, auf einem Grashalm kauend, in die Sonne blinzelnd.

Ich musste schmunzeln, weil mir plötzlich die Absurdität meiner Versuche bewusst wurde, alles am Laufen zu halten, für alles eine Lösung zu finden, auf alles eine Antwort zu haben, mich abzuhetzen, zu ordnen und zu funktionieren.

Mein Herz wurde um einiges leichter,
als mir klar wurde:
Es werden keine übermenschlichen Taten
von uns verlangt.
Wir müssen keine Helden sein!
Wir müssen nichts beweisen,
wir müssen nicht die Welt retten.

Es genügt, ein sandkorngroßes Stückchen Himmel in unser Leben fallen zu lassen.

Wir müssen keine meterhohen Bäume pflanzen,
und wir müssen nicht den ganzen Garten anlegen
und gestalten.

Es reicht, ein Samenkorn fallenzulassen.
Dieses kleine Körnchen Glaube wird genügen.
Ein anderer wird dafür Sorge tragen,
dass es zu etwas heranwächst,
das größer wird als wir es selbst sind.
Einer, der den Überblick hat.
Der das Leben selbst ist,
und das Wasser, und das Licht.
Einer, der das Gärtnern überhaupt erst erfunden hat.
**Einer, dem selbst am meisten daran gelegen ist,
dass die Saat aufgeht
– und unsere Seele blüht.**